AF582923

El alma en palabras:
150 ensayos que se plasman en emociones y sentimiento

Dr. Frank Valentín Lizaraso Caparó

EDIQUID

EL ALMA EN PALABRAS
150 ensayos que se plasman en emociones y sentimientos

Editado por: Corporación Ígneo, S.A.C.
para su sello editorial Ediquid
José Olaya 169, Ofic. 504, Miraflores. Lima, Perú
Primera edición, mayo, 2024

ISBN: 978-612-5142-82-5
Impresión bajo demanda

Hecho el Depósito Legal en la Biblioteca Nacional del Perú N° 2024-04731
Se terminó de imprimir en mayo del 2024 en:
ALEPH IMPRESIONES SRL
Jr. Risso Nro. 580 Lince, Lima

www.grupoigneo.com
Correo electrónico: contacto@grupoigneo.com | Teléfono: +51 955 071 270
Facebook: Grupo Ígneo | X: @editorialigneo | Instagram: @grupoigneo

Colección: Nuevas Voces

Contenido

Acerca del autor

Frank Lizaraso Caparó estudió Medicina en la Universidad de Buenos Aires (UBA), Argentina. Fue pasante en el laboratorio donde el profesor Bernardo Houssay, premio Nobel de Medicina, era jefe de investigación. Entre los años 1955 y 1956 fue jefe de práctica de Fisiología en la Facultad de Medicina de la UBA. Obtuvo el título de médico cirujano en abril de 1958 y fue revalidado por la Universidad Nacional Mayor de San Marcos (UNMSM) en junio de ese mismo año, a la edad de 23 años.

El 18 de octubre de 1958, ingresó por concurso al Departamento de Cirugía General del Hospital del Empleado, hoy Edgardo Rebagliati Martins. Médico fundador, se retiró con el cargo de jefe del Servicio de Cirugía Reparadora y Quemados. En 1962, ingresó como profesor jefe de prácticas en la Universidad Nacional Mayor de San Marcos, Facultad de Medicina de San Fernando. En 1973 obtuvo el más alto grado académico que concede una universidad peruana, el de doctor en Medicina (por la UNMSM), y fue promovido y por concurso a las categorías de profesor auxiliar, asociado y principal en diciembre de 1979.

En 1987 ingresó a la Facultad de Medicina Humana de la Universidad de San Martín de Porres (USMP), donde se desempeñó como fundador y catedrático de Fisiología, jefe del Departamento Académico de Cirugía y jefe de la Oficina de Grados y Títulos. En 1995 fue elegido decano; el Consejo de Facultad lo reeligió por nueve períodos consecutivos (3 años cada uno). En su primera gestión, construyó la nueva sede de la facultad en el distrito de La Molina, inaugurándola en 1996.

Fue vocal por Suramérica de la Federación Panamericana de Asociaciones de Facultades y Escuelas de Medicina (Fepafem), en los años 1997 y 1998, reelegido para el período de 1998-2000. También se desempeñó como presidente del Comité Nacional de Residentado (Conareme) entre 1997 y 1998, y de la Asociación Peruana de Facultades de Medicina (Aspefam), en el período 1997-1999.

En octubre de 1997 obtuvo en Buenos Aires el premio Continental Orden Francisco Hernández, otorgado por la Federación Panamericana de Asociaciones de Facultades y Escuelas de Medicina, debido a sus relevantes contribuciones al desarrollo de la educación médica en las Américas. Este galardón es otorgado cada 2 años a dos médicos del continente americano, y el doctor Lizaraso fue el primer peruano en recibir dicho galardón.

Frank Lizaraso Caparó ha sido distinguido con múltiples premios nacionales e internacionales, como la medalla de oro Hipólito Unanue 2009, que se otorga cada tres años al mejor médico del Perú en cirugía; el premio bienal Medalla al Mérito en Salud Carlos Enrique Paz Soldán 2010; y el grado de doctor *honoris causa* y *summa cum laude* concedido por la honorable Academia Mundial de Educación, entre otros. En 2010 obtuvo el grado académico de maestro en Medicina con mención en Cirugía Plástica en la USMP, con una tesis innovadora sobre Unidad de Quemados.

En julio de 2023, el Colegio Médico del Perú (CMP) lo volvió a certificar en las especialidades de Cirugía Plástica y Reparadora, y Cirugía General por cinco años, hasta 2028.

Conoce más acerca del autor:
https://franklizarasocaparo.blogspot.com

A mis amados padres, Antonio y María Asunción: sin su ayuda y amor hubiera sido imposible alcanzar mis metas y anhelos. Su amor sigue perenne en mi corazón.

A mi abnegada esposa, por su invalorable apoyo, ayuda permanente e incondicional amor. En todos estos años le ha dado un gran sentido a mi vida.

A mis queridos hijos por su gran y permanente demostración de amor y cariño.

A Brian Olding, mi hijo político, por haberme motivado a escribir la presente obra.

A todos mis exalumnos médicos y especialistas (miles de egresados) en mis 27 años ininterrumpidos como Decano de la Facultad de Medicina Humana, USMP (sedes Lima y Chiclayo).

A todos mis exalumnos, que son miles, médicos y especialistas de la Universidad Nacional Mayor de San Marcos, donde laboré por 30 años.

Introducción

Estimados lectores:

Después de dedicar más de 60 años de mi vida a la práctica médica y a la enseñanza universitaria en este campo, ahora, al iniciar una nueva fase de mi camino, encuentro consuelo y serenidad en la poesía. Estas páginas reflejan mis reflexiones y vivencias a lo largo de los años, agrupadas en diversas categorías.

En «Emociones y sentimientos», exploro los matices del amor, la tristeza, la alegría y tantos otros estados anímicos que definen nuestra existencia. «Religión y espiritualidad» aborda las preguntas existenciales que nos acompañan toda la vida, en busca de respuestas trascendentes.

La sección dedicada a la «Naturaleza» celebra la belleza y sabiduría del mundo que nos rodea. Mientras que en «El tiempo» reflexiono sobre la fugacidad de la vida y la necesidad de aprovechar cada instante.

«Ética y valores» defiende los principios que deben guiar nuestras acciones. Y en «Eventos y celebraciones», conmemoro momentos especiales de unión y júbilo. Los «Acrósticos» juegan con la estructura del lenguaje para crear piezas ingeniosas.

La «Familia y las relaciones personales» son el corazón que da sentido a todo lo demás. En «Médicos y salud» comparto mi perspectiva profesional sobre los misterios del cuerpo y la importancia del cuidado integral. Y «Vivencias» engloba todo lo anterior: instantáneas de mi travesía vital.

Espero que en estas páginas encuentren inspiración, consuelo y ánimo para reflexionar sobre lo que nos hace profundamente humanos.

Con afecto,

Dr. Frank Valentín Lizaraso Caparó

Un nuevo amanecer

Ya amaneció, y quedo absorto
admirando el ansiado nuevo día
que llega felizmente a nuestra vida.
Brilla el sol con todo su esplendor.

Los pajarillos trinan de alegría,
y orgullosas las flores lucen su color,
invitando sin ninguna duda
darle gracias a nuestro Creador.

Feliz y contento elevo la mirada al cielo,
agradeciendo a Dios todopoderoso,
por Él doy la vida y me desvelo,
Él es siempre bueno y bondadoso.

Pensando en el amor

Pensar en el amor es pura fantasía,
si los seres no se aman de verdad.
Quizás a veces, simplemente una osadía,
si no existe entre ambos la sinceridad.

La miré absorto y ella sonreía,
parecía que lo hacía solo por piedad.
Mi corazón y alma presentía
que ella no lo hacía de verdad.

No me amaba, le pedí, yo lo presentía,
que termine con mi injusta ansiedad.
Muy adusta, me decía que ella no sentía
amor por mí, y lo mío era pura vanidad.

Admirando la lluvia

Me encuentro tranquilo en esta tarde gris,
las nubes oscuras han nublado el cielo.
Las lluvias, rayos y truenos, no me hacen feliz,
grandes gotas de agua inundan el suelo.

Recuerdo las tardes y noches de ese frío invierno,
de mi Buenos Aires, jamás olvidado, fui estudiante,
y médico, en Argentina, un país fraterno,
lo guardo en mi corazón fervorosamente.

Recuerdo los días lluviosos, ausentes de color,
admiro la naturaleza, ella siempre prodigiosa.
Recordando a mis padres y su gran amor,
admiro a la lluvia por ser tormentosa.

Olvido mis penas y mi gran dolor,
ellas llegan como un gran vaivén.
Aunque el día o el cielo no tengan color,
quisiera vivir siempre en este bello Edén.

Amor apasionado

Siento por ti un amor apasionado,
no lo dudes, es un amor ferviente.
Tu indiferencia me ha decepcionado,
te lo dice alguien que no miente.

No sé si será tu faz, quizás tu pelo ondulado,
tus ojos, tu sonrisa, tus labios o tu mirada ardiente.
Belleza que, de verdad, Dios a ti te ha prodigado,
cuando conozcas el amor, verás lo que se siente.

Mil veces te he visto y también soñado,
qué debo hacer para borrarte de mi mente.
Y olvidar para siempre este amor apasionado,
que siento por ti, bella mujer indiferente.

Quisiera despertar de este sueño vehemente,
y no sentirme nunca más emocionado.
Pensar que no son fantasías de mi mente,
y sigas siendo tú, mi único amor eternamente.

Extasiado

Miro a mi alrededor y, de pronto,
quedo profundamente extasiado.
Me acompañan majestuosas montañas,
plantas y flores, todas ellas multicolores.

Tanta belleza, digna de admirar,
cierro los ojos y puedo escuchar
de los pajarillos su dulce trinar.
Naturaleza, no puedo dejarte de amar.

El sol expande sus rayos con todo su esplendor,
son muy luminosos y de verdad ardientes.
La naturaleza nos ofrece una nueva vida,
llenando mi alma de paz y de amor.

Te quiero

Llega el atardecer y admiro el horizonte,
rubicundo dejando ocultarse al sol,
con sus bellos reflejos en la inmensidad del mar,
resaltando en mis pupilas tu hermosa imagen.

Llega el anochecer con la luna y sus estrellas,
cierro los ojos y me despierta un nuevo día.
Las aves trinan, con sus plumas multicolores,
y se pierden entre las maravillosas flores.

Quedo absorto admirando su hermosura,
de pronto elevo sin querer la mirada al cielo.
Pensando en ti y en tu amor profundo,
y despojándome de la naturaleza y su belleza.

Solo estás tú, para decirte de verdad: ¡te quiero!
Amor de mis amores, mil veces diré: ¡te quiero!

Melancolía

Muchas veces me pongo a pensar,
de inmediato comienzo para recordar
momentos difíciles que he dejado pasar,
y otros muy recientes no puedo olvidar.

Profundo dolor en el fondo de mi alma,
no hay nada que me pueda tranquilizar,
me presiona el pecho, quizás el corazón,
recordar todo me causa una gran desazón.

Ilusiones por las que sentí una gran pasión,
tristeza, sentimiento que quisiera olvidar,
ser feliz en la vida no lo puedo dudar,
olvidar los malos momentos y poder amar.

Ya no más tristezas, mejor no pensar,
sonreír a la vida y así poder mejorar,
viviré contento y con gran bienestar.

La tristeza

Momentos difíciles que pasa el ser humano,
decaen los ánimos y uno se siente muy mal,
desaparecer esa emoción es pedir en vano,
no querer sentir tristeza es algo muy banal.

Llega tan de pronto como traída de la mano,
no alcanzar el objetivo que uno se había trazado,
perder el bienestar al que estaba acostumbrado,
a sus padres, o a un familiar, o al ser amado.

Tener una enfermedad y haber sido desahuciado,
solo queda aceptar y tratar de evitar la tristeza,
recurrir a Dios de seguro eres hijo bien amado,
desaparecerá tu pena, no pierdas la esperanza.

La alegría

Un sentimiento que juntos deberíamos tener,
que todo en nuestra vida nos sea favorable,
que siempre sonriamos con mucho placer,
noticias muy buenas es lo más probable.

Estar muy contentos y por qué no, reír,
recibir una noticia que sea agradable,
logros personales para poder sonreír,
así se sentirá uno mucho más estable.

En muchas ocasiones me pongo a pensar,
¿y los pobres que no tienen para comer?
Comida y dinero los harán seguro sonreír,
no olvidarse de ellos y alegría compartir.

Remembranzas sobre el amor

Inicié mi adolescencia y escribí sobre el amor,
algo increíble, pensarlo, en mi tierna juventud.
Describí sin saber cómo, torbellino de pasiones,
como una música armoniosa del ensueño,
pensando que el amor solo era un sueño,
o quizás, era una vida con gran armonía.

Es el olvido de las penas que a uno matan,
o el recuerdo hasta la muerte de un cariño.
Lo plasmé en mi temprana adolescencia.

Han pasado muchos años, lo digo, sin temor,
todo es muy cierto, lo que pensé y escribí,
dura hasta la muerte, el verdadero amor.

Engaño

Es muy triste no conocer la verdad,
vivir siempre con falta de sinceridad.
Es triste como existir en la oscuridad.

Nada es muy cierto, ni es muy transparente,
la falsedad existe, no debe sorprenderte.
El engaño sí puede durar hasta la muerte.

Hacerte creer algo que no es muy cierto,
te están engañando, es una advertencia.
Busca la verdad y terminará el desconcierto.

Si engañas, te arrepientes y dices la verdad,
encontrarás en tu alma una gran felicidad.
Serás dichoso y encontrarás la tranquilidad.

Misericordia

Palabra que solo define al verdadero amor,
con su ejemplo nos enseñó nuestro Creador.
Ayudar siempre al prójimo con mucho valor.

De muchas formas se es misericordioso,
dar de comer, de beber y ser bondadoso,
hospedar, vestir, y también consolar.

Si está apenado, triste y desilusionado,
aconseja, ayuda, motivando su alma,
también su mente, será eso grandioso.

No olvides, si la fe se ha perdido,
nos sentimos tristes, desamparados,
recuerda que Dios es misericordioso.

Mendigo

Sentimiento de pena profunda
una persona, pidiendo limosna
su mano mirando hacia el cielo

Quizás esperando alguna moneda
y tener con ella algo de comer
la gente pasa, y no lo quieren ver

Sin emoción, algo para no creer
nació y fue pobre puede suceder
dar una limosna, nada que perder.

Mendigando amor

El amor mendigo, no debe existir,
es vivir siempre con vana ilusión,
engañar es su predilección.

Tener amor siempre, sin rogar,
sincero y puro, eso es amar,
en el amor, siempre confiar.

¿Para qué vivir mendigando amor?,
mejor vivir solo, con mucho valor,
serás libre, y no sentirás dolor.

Recuerda siempre, al amor sincero,
vive feliz, y tranquilo es eso primero,
de verdad, un día te dirán: te quiero.

Desdén

Es muy triste no querer escuchar,
sentir menosprecio, eso es desdén,
esa indiferencia no debe existir.

Sentir que uno es un ser superior
no te da derecho para despreciar,
existirá otro que te desprecie a ti.

De seguro debes madurar,
no debes nunca ser indiferente,
invariablemente debes pensar.

Con la indiferencia no lograrás nada,
menos aún con el menosprecio,
jamás ganarás con esa actitud.

La felicidad

Todos soñamos con sentir la felicidad,
un deseo fatuo difícil de alcanzar,
otros lo logran con facilidad.

Lo digo con sinceridad, es seguro,
gozar de la felicidad es muy fácil,
y si tú lo quieres, lo puedes lograr.

¿Cómo saber interpretar la felicidad?
¿Es un sueño fatuo o una realidad?
Encontrar a la mujer de tus ensueños,

y querer amarla con todo el corazón,
sentirte amado por tus seres queridos,
quizás también por una bella mujer.

Lograr la felicidad, verdadera deidad,
no son las riquezas ni tampoco el poder,
lo que te ofrece la verdadera felicidad.

Disfrutar la vida para comprender
las bellezas que ofrece la naturaleza,
admirar la noche, la luna y sus estrellas,

el sol radiante en un bello amanecer,
un nuevo día de vida, eso es felicidad,
no debe alejarse nunca de la realidad.

Nostalgia

Pensaba en un bello atardecer,
los largos años que he vivido,
recordaba todo de mi infancia.

Y sin querer me sentí muy triste,
recordar los días de inocencia
de mis seres queridos, su presencia.

Fui feliz en mis años de adolescencia,
despertando en mí un gran sentimiento,
comprendí al fin que la nostalgia sí existe.

Recordar el tiempo que ha pasado
sin querer me tiene algo confundido,
sucesos de vida parecen sin sentido.

Recordar la pérdida de los seres que
me amaron y también los he amado,
no están a mi lado, sí en mi pensamiento.

Y mi corazón aún no lo ha aceptado,
quisiera tenerlos juntos a mí de nuevo,
será que siento esta gran nostalgia.

Dolor

Vive en silencio, muy tranquila,
hasta que un día se despierta,
a veces de forma súbita,

otras, de manera muy lenta,
una sensación molesta,
casi siempre subjetiva.

No tiene ubicación ni lugar,
ni zona por ella preferida,
por nosotros nunca consentida.

De gran disgusto e irritable,
aparece cuando no lo esperas,
a veces leve, otras muy intensa.

Solo te alivia y también desaparece
cuando un buen médico te trata,
no más dolor, tu cuerpo lo merece.

Dolor en tu alma

Es por demás desagradable,
de corta o larga duración,
pedir ayuda con justa razón.

Si es el médico quien intercede,
él puede calmar tu dolor,
eso nunca debes olvidar.

Sensación que se presenta
muchas veces en tu alma
o también en el corazón.

Siempre con mucha razón,
si has perdido un familiar
o quizás un gran amigo,

o el gran amor de tu vida,
todo tiene sentido, dolor
muy difícil de calmar.

Ocasionando en tu alma
una profunda y gran desazón,
la medicina te puede ayudar.

Debes siempre ponerte a meditar,
pedir a Dios, con todo tu corazón,
de tu dolor, y Él te podrá sanar.

El valor de la vida

La vida es un verdadero tesoro,
algo que siempre debes valorar
desde el primer día que se nace.

No debemos jamás olvidar que
nacimos por la gracia de Dios,
deberás reconocer y no olvidar.

Debemos amar el día a día,
dando gracias a la nueva vida
con todo nuestro gran corazón.

Siempre debemos pensar
que existe la vida y la muerte,
así nos ocasione gran desazón.

La vida y la muerte

Ambas llegan súbitamente
y te hacen siempre llorar
al nacer, casi todos lloramos
y al morir, casi todos nos lloran.

Al morir con o sin razón,
la vida puede ser corta
o muy larga, eso sin dudar.

Amar a la vida y hacer el bien
una gran sensación sentirás
en tu alma, una gran tranquilidad.

La mente y tu alma con seguridad
se llenarán de gran felicidad,
de verdad a la muerte no temerás.

Crepúsculo

Muchas son las maravillas
que la naturaleza nos ofrece,
admirar la inmensidad del mar.

Quedar profundamente extasiado
al presenciar un bello atardecer
en lo alto de un hermoso malecón.

Es para quedarse encantado,
contemplando el bello ocaso
que queda por siempre en tu corazón.

Ver el sol en su gran esplendor,
ocultándose en el horizonte
ofreciendo su rubicundo reflejo.

Una prodigiosa imagen muy bella,
en la vida jamás podría olvidarse,
el crepúsculo nos ofrece realmente.

Hermosas e inolvidables tardes,
mi alma y corazón reciben quizás
tanta belleza que no la merece.

Con claridad, confieso sin alardes,
presenciar el crepúsculo tan bello
también pertenece al mundo entero.

Harás feliz a tu alma y a tu corazón,
haz que te acompañe el amor de tu vida,
porque tanta belleza a todos pertenece.

Soñar y dormir

Puedes estar despierto o quizás dormido,
al dormir puedes soñar por breve tiempo.
Existes, es verdad, pero no gozas de la vida.

El sueño no podrá nunca ser la vida,
puede ser una ilusión vana,
algo que se cumpla o un gran deseo.

Al dormir, pierdes parte de tu vida,
en ella tu conciencia no está plena,
no admiras la luna ni las estrellas.

No puedes abrazar a tus seres queridos,
no sientes el calor ni el aire que respiras,
ni admiras la naturaleza y toda su belleza.
No sientes felicidad junto al amor de tu vida,
no estás consciente de lo que te ofrece el día.

Soñar será siempre diferente a estar dormido.
Al dormir es verdad que conservas tu existencia,
pero recuerda, no está alerta tu conciencia.
Pierdes la tercera o cuarta parte de tu vida.

Soñar, sueño y ensueño

Soñar, sueño y el llamado ensueño
son actos en nuestra vida diferentes.
Soñar es lo que persigues en tu mente.

Sueño: deseo de dormir o descansar,
ensueño: anhelo que persigues
mientras tu cuerpo duerme.

Un ser viviente necesita dormir,
diferente para el ser humano,
lo hermoso para él es soñar.

Obligado a dormir para poder vivir,
importante es descansar su cuerpo,
mientras duerme, quizás, poder soñar.

Déjame soñar

Déjame soñar que, juntos toda la vida,
con igual pasión nos hemos de amar.
Y no exista en nuestra conciencia,
nunca jamás, el mal de dudar.

Déjame soñar, mecido en tus brazos.
La mirada lejos, sin nada mirar.
Que toda la vida, con igual ímpetu
e inmensa ternura, nos hemos de amar.

Déjame soñar que la cumbre más alta,
cubierta de nieve, hemos de escalar.
Y admiremos juntos la noche, las estrellas,
y la Luna y la inmensidad del mar.

Déjame soñar, tú y yo frente al mar.
Esperando juntos el hermoso atardecer.
Ver al sol ocultándose ya… en el horizonte.
Admirando su maravilloso y rubicundo color.

Déjame soñar, deleitándome con tu dulce mirar.
Recrear nuestros ojos en el azul del cielo.
Viajando juntos hacia la luna y las estrellas;
y jurarnos un amor eterno. ¡Déjame soñar!

El tiempo

Es difícil en un verso o en una prosa
describir, al preciado espacio tiempo
transcurre entre la vida y la muerte

de cualquier ser vivo, o ser humano
que permanezca en nuestra tierra
conformando nuestra naturaleza

Han pasado sin pensarlo
miles de millones de años
desde el Big Bang, dicen

Que formo nuestro planeta
de verdad él es muy hermoso
océanos y sus bellas playas

Inmensas montañas rocosas
ríos paisajes y Lindas flores
animales y aves, primorosas

El sol la luna y las estrellas
nada se compara a ellas
creación maravillosa de Dios.

Se encuentra el ser humano
a su imagen y semejanza
nos ama y nos lleva de la mano.

Midiendo el tiempo

Difícil es y será medir el tiempo,
segundos, minutos y horas,
también semanas, días y meses,

años y sus cuatro estaciones,
las mismas que ya conocemos,
la más hermosa, la primavera.

Le sigue también el verano,
para muchos el otoño y el invierno
son lindos, pero no tan bellos.

Más de ochenta mil segundos
transcurren en un solo día.
Quiero recordar que el ser humano

puede nacer o morir en un segundo.
Valorar el tiempo es muy importante,
sobre todo mientras aún vivimos,

tesoro que jamás debe perderse,
invalorable es el tiempo, es y será
en nuestra efímera o larga vida.

Desazón

Cuánto he deseado, oh, bella mujer,
que estés como antes, junto a mí,
bailando siempre con gran frenesí.

Busco y te busco, jamás te encuentro,
dime por favor dónde te escondes,
porque de seguro te voy a encontrar.

Llegará ese día y no vas a dudar,
sabrás entonces lo que es amar
con toda el alma y el corazón.

Por eso, bella mujer, usa la razón,
si no lo dices causarás desazón,
romperás mi alma y mi corazón.

Desconfiar

Sé que no confías en mí,
no tienes ninguna razón,
jamás podría engañarte.

Te he demostrado fidelidad,
por qué te niegas a la felicidad,
nunca de mí deberás dudar.

Te amo y siempre te amaré,
jamás a ti te podré olvidar,
no hay razón para desconfiar.

Renegar

Renegar es lo que debes evitar,
preferible tratar de conciliar,
mejor pensar en no abandonar.

A un ser que tú has amado,
religión que has profesado,
amigo que de ti se ha alejado.

Reflexiona antes de renegar,
puedes quizás estar equivocado,
es lo mejor antes que lamentar.

Privilegiado

Haber nacido es un privilegio
que Dios nos ha concedido.
Por alguna razón, Él nos eligió,
no ser nunca desagradecido.

Seguir el camino que ha señalado
con toda seguridad es el indicado.
Cualquiera que sea no es equivocado,
vivir es sentirse un ser privilegiado.

La tierra paraíso que nos ha brindado,
las noches, la luna y las estrellas,
el sol en el horizonte me deja admirado,
su fulgor en el mar, quedo extasiado.

Montañas rocosas y hermosos nevados,
la naturaleza que Dios nos ha dado,
animales, flores, todo perfumado,
gracias por haberte en mí fijado.

Enamorado

Cuando solo me pongo a meditar,
siento que estoy muy enamorado.
Me pregunto y respondo sin dudar
de la vida que Dios me la ha dado.

Cosas bellas, no me canso de admirar:
ver ocultarse al sol, quedo admirado,
admirar la inmensidad del rubicundo mar,
sus grandes montañas, me dejan anonadado.

A la luna y las estrellas me pongo a mirar,
me siento por demás muy desconcertado.
No solo de una bella mujer digna de admirar
puede decir uno de verdad, estoy enamorado.

Rencor

Sentimiento que, en el ser
humano, jamás debió existir
recuerdo poco grato

que, corroe el alma
recordar una ofensa
tranquilo no puedes vivir

siempre resentido con odio
antipatía nada te calma
con deseo de venganza

tranquilo no podrás existir
lo mejor es perdonar así
tranquilizarás tu alma

no ganarás, nada y con rencor
insistir perdona y muy pronto
conseguirás la ansiada calma.

No te dejaré de amar

Al elevar mis manos al cielo,
las nubes quisieran tocar,
aferrarme a ellas, y muy pronto
al Cielo poder llegar,
gracias al gran amor que,
por ti, siento, poderte mirar.

Y decirte con toda mi alma
que jamás te dejaré de amar,
quizá las nubes y el poder
del viento me lleven al mar.

Sobre sus olas llegar a la orilla,
y seguro, donde vas a admirar
el rubicundo horizonte que,
la tarde, el sol va a ocultar.

Murmurarle muy quedo al oído:
vida mía, te quiero, te amo,
con toda mi alma y gran frenesí,
nunca, jamás, te dejaré de amar.

Angustia

Hay momentos en la vida
que uno está desesperado,
es una pena compartida
si se aleja un ser amado.

Intranquilidad nunca vivida,
el pecho se siente presionado,
el alma también muy resentida,
suceso que nunca se ha deseado.

Buena noticia será bienvenida,
si regresa indemne el ser amado,
la mala nueva sea desmentida,
dando la paz que se ha ansiado.

El amor perdura

Si tu mente y alma se mantiene pura,
si conoces su verdadero significado.
El amor, sin duda, siempre perdura
pues el amor verdadero no es pecado.

Sentir amor es una verdadera hermosura.
Es algo de verdad muy bello e ilimitado:
se nos ofrece al nacer y con premura
de nuestra adorada madre con ternura.

Y el gran amor de nuestro Dios amado,
de la Virgen con su alma siempre pura.
Amor que a cada instante ha prodigado,
demostrando su grandeza y hermosura.

Resignación

No solo se vive del presente
en nuestra corta o larga vida,
se vive también con los recuerdos,
algunos nos traen alegría,

llenando el alma y el corazón
de paz y algarabía.
De pronto llegan presurosos
los malos recuerdos,

que nos llenan de gran melancolía.
¿Cómo escapar de este tormento
y seguir viviendo el día a día?
Pues todo tiene su momento,

feliz o infeliz que uno haya sido,
queda vivir tranquilo y resignado.
Nuestro recuerdo escondido, hasta
que el corazón dé su último latido.

Desearía

Desearía ser como otros poetas o escritores,
sean hombres o mujeres muy afortunados:
escriben sus poemas o versos sin temores;
solo fantasías, sus vivencias o sus sueños.

Considerados y calificados como los mejores
sin ninguna duda y son poetas bienvenidos.
Como las golondrinas al balcón de sus amores,
y otros sobre los bellos y hermosos picaflores.

Escribir lo que uno sueña o siente sin temores.
Poemas que, serán por siempre, consentidos.
Sobre todo si es para el amor de sus amores.
Al final, escribir nos mantiene entretenidos.

Al despertar

Me despierto, se abren mis párpados, es un nuevo día.
De inmediato, le doy gracias a Dios por la nueva vida.
Con fe, confianza y paz planifico todo lo que haría:
curar a todo paciente enfermo y su alma herida.

En el hospital, mi corazón y mente se llenan de alegría.
Unos tristes, otros contentos, así es la vida consentida.
Me acerco a ese rostro apenado y hago que él se ría.
Le digo cerca de su oído: si se ríe de su lado, no me iría.

Y así, visitando a mis pacientes, siento gran algarabía.
Escuchando sus voces y sus gritos de alegría, ¿quién diría
son enfermos? Tienen mucha fe en Dios, es un nuevo día.
Muchos, si no todos, saldrán sanos: son milagros de ese día.

Un nuevo día

Un nuevo día de vida, doy gracias a Dios.
Mi fiel corazón palpita de pura alegría.
Doy besos y abrazos a mis seres amados.
Y así, casi sin pensar, inicio el nuevo día.

Cumpliré con todos mis planes y proyectos,
trabajando en paz, feliz y con gran euforia.
Mi familia y yo nos sentimos bendecidos.
Vivir así, un nuevo día, me siento de gloria.

Impresionado

Cómo cambia con el tiempo,
los rostros de las personas;
Me deja atónito y asombrado,
profundamente impresionado.

Como ver las flores del campo:
su lindura me dejó impactado.
Cuando el otoño se ha alejado,
la nieve todo lo ha cambiado.

La belleza toda ha desaparecido:
me ha dejado muy anonadado.
Similar a los rostros del pasado,
el tiempo a todos ha cambiado.

La belleza de tu rostro

Veo tu rostro y el tiempo no ha cambiado,
para nada, tu incomparable y única belleza;
raro apreciar en el rostro de un ser humano.
Pues, con el tiempo, se van transformando.

Se dice que el rostro es la expresión del alma:
si es de buen corazón y de alma muy pura,
la belleza del rostro muy poco va cambiando.
Es por eso que el tiempo la trata con dulzura.

Conocerte hace tiempo fue mi gran fortuna:
dulce, buena y caritativa como ninguna.
De seguro, tu corazón y tu alma es pura.
Tu rostro no cambiará sin duda alguna.

La amistad

La amistad no solo es sentir afecto,
es también demostrar la más pura lealtad.
Conocer con suerte lo más selecto,
sin duda, a la verdadera hermandad.

Difícil es saber cómo lo detecto,
y hasta dónde llega su sinceridad.
Sin buscar quizás lo más perfecto,
demostrar que existe la verdadera amistad.

La amistad una utopía

La amistad, una utopía, lo dice un intelecto,
creer que ella existe es pura fatuidad.
Conveniencia, intereses, nada es perfecto,
difícil encontrarlo, lo digo con sinceridad.

Y aunque quizás soñar no sea lo correcto,
soñando seguiré con la verdadera amistad.
Con suerte, encontraré al amigo dilecto,
y conoceré al fin al amigo de verdad.

Solo perdura el amor

No es la belleza, solo es el amor el que perdura,
te lo digo de verdad, mujer hermosa.
Ojos preciosos y tu sonrisa llena de dulzura,
te hacen una mujer realmente primorosa.

¿Cuánto ha de durar tu belleza y tu hermosura?
¿Toda la vida seguirás siendo preciosa?
Pero algo me dice que mucho tiempo eso no dura,
y sin quererlo, dejarás de ser tan pretenciosa.

El espejo te dirá que la belleza desaparece con premura,
ya no existirá tu bello rostro, se irá en forma silenciosa.
Y quedará solo la belleza de tu alma y tu ternura,
el amor que perdura es del alma, hermosa y pura.

Sicario

Un ser humano, hombre o mujer,
los llaman sicarios, y ellos existen.
No tienen ni idea del valor de la vida.

Y tampoco el significado de la muerte;
de seguro que no conocieron el amor,
pero llevan el odio dentro de su alma.

Ambos son frustrados de la vida,
y de seguro han tenido mala suerte.
Jamás conocieron el amor de la familia.

No siguieron el camino de nuestro señor;
ninguna religión en ellos subsiste, no creen
en Dios, ni en la Virgen, ni en los Santos.

Es cierto, ambos son seres inertes;
en sus mentes persiste la idea
de quitar la vida a un ser inocente.

Pensamiento que, en ambos, siempre existe;
lo importante es matar a cambio de dinero
para poder vivir, y también enriquecerse.

Mujer hermosa

Cómo poder describir a una bella mujer,
linda, hermosa, y también primorosa,
que sus ojos preciosos irradien la luz.

A través de sus hermosas y grandes pupilas,
sentir la sensación de ver una estrella;
su fisonomía serena la hará más grandiosa.

Su figura esbelta y su caminar cadencioso
la harán aún más hermosa, si no es pretenciosa;
ojos hermosos, nariz recta y labios carnosos.

Pero si buscamos de la belleza su perfección,
sus altos valores y nobles cualidades morales
la harán más bella y también portentosa.

Bella mujer

Quedo absorto al admirar tu bello rostro,
eres, fuera de toda duda, una bella mujer.
Ver tus ojos y de mi angustia, me libero,
tu dulce mirada hace a uno estremecer.

Te veo y siempre hay algo que descubro,
tus labios, tu sonrisa, son para entretener.
Tu faz irradia tu alma y tu corazón puro,
serás siempre, para mí, una bella mujer.

Plenitud

Han pasado muchos años
desde el día en que nací,
tiempos buenos y malos.

Algunos, de verdad muy hermosos;
en mi familia conocí el gran amor,
el más puro, el que siempre llega.

Se cumplieron en mi vida los sueños
de mi infancia y de mi juventud,
superando largamente mi meta.

Ser buen médico y mejor cirujano,
también un buen profesor;
ofrecí mi vida con abnegación.

Llegó a mi destino un nuevo amor,
tres frutos hermosos me dieron valor,
una vida nueva con mucho sabor.

Llegó la felicidad con gran armonía,
gracias a Dios misericordioso,
que nos ofreció la vida con gran plenitud.

Perdonar

Es una actitud sublime que ofrece
profunda paz a nuestro corazón,
al alma y también a nuestra mente.

El que de verdad perdona
y de ello no se arrepiente
será feliz por ser clemente.

Y el que ha sido perdonado
quedará siempre agradecido
por esa actitud benevolente.

Jamás recordar el que perdona,
olvidarse para siempre de la ofensa,
será una actitud de verdad sublime.

Perdonar no es fácil, pero necesario,
borrar de su mente algo que lo oprima
y alcanzar la paz del alma nuevamente.

Actitud que al ser humano lo define,
perdonar es algo de verdad inteligente,
alcanzar la paz en forma permanente.

Mendigo o méndigo

Es mejor ser mendigo y no un méndigo.
El mendigo es un ser humano pobre,
el méndigo es un pobre ser humano.

El mendigo su pan puede compartir,
el méndigo, incapaz de compartirlo.
Dos seres diferentes, para no creerlo.

El mendigo es bueno, solo sin dinero,
el méndigo es malo con mucho dinero.
Para él, la indiferencia es lo primero.

Prefiero mil veces al mendigo,
ayudarlo mil veces con dinero.
El méndigo jamás será primero.

Robar el corazón

Es una hermosa frase que expresa solo un amor puro,
pensamientos que intercambian el hombre o la mujer,
sentimientos que expresan, el amor vive en el corazón.

Revelación que se usa para demostrar al que se ama,
el corazón nunca se podrá robar al que se quiere,
sin el corazón ningún ser podría seguir viviendo.

Es una forma bella de demostrar estar enamorado,
imaginación siempre dirigida solo al ser amado,
de verdad, el corazón nunca podría ser robado.

Solo en tu regazo

Déjame soñar tan solo en tu regazo,
sintiendo el calor de tu bello cuerpo,
solo de esa forma siento el embeleso,
la mejor manera de pasar el tiempo.

Déjame soñar tan solo en tu regazo,
y sin pensar dejar así pasar el tiempo,
recordar las noches cuando yo te beso,
bello momento, de él no me arrepiento.

La bondad

Solo es propiedad de un ser virtuoso,
lleva en su corazón solo la bondad,
lo demuestra con un simple abrazo,
ofreciendo a todos solo la hermandad.

Ser bondadoso es algo muy prodigioso,
perdona a su enemigo con sinceridad,
comparte lo que tiene, se llena de gozo,
solo él conoce la verdadera caridad.

Sin duda, un ser misericordioso,
vive ayudando, esa es la verdad,
es en realidad un ser grandioso,
de verdad conoce qué es la piedad.

Una vida enmascarada

Desde el instante en que alguien ha nacido,
se escucha el llanto de una nueva vida,
que el buen Dios así lo ha permitido,
su destino será lo mejor que Él decida.

Habla y razona, está muy agradecido,
sabe lo que es vivir y eso le agrada,
fue un hijo de verdad muy consentido,
y así, surgió de pronto, casi de la nada.

Miles de experiencias que ha vivido,
no sabe si vivir de verdad le agrada,
le fue muy bien y él lo ha reconocido,
llevó una vida de verdad muy agitada.

Pensó un día si vivir tenía sentido,
así pasaron los años y él avejentaba,
no conoció el amor, estaba arrepentido,
se dio cuenta de que el tiempo se agotaba.

Sin amor ni familia, quedó convencido,
el dinero y riquezas no sirvieron para nada,
que esa vida él mismo lo había decidido,
fue una actitud muy poco afortunada.

Pensar en la muerte y no seguir viviendo,
no tenía de ello la más mínima duda,
reflexionó, pasó el tiempo y fue desistiendo,
al fin aceptó vivir una vida enmascarada.

Quiero ser feliz

¿La felicidad es un sueño o es una realidad?
Es una realidad, sin duda lo puedo asegurar,
solo depende de nosotros, eso es verdad,
la felicidad, cualquiera la puede generar.

Solo elige el momento y sentirás la felicidad,
alcanzar tus metas, después de tanto esperar,
actuando en la vida siempre con honestidad,
si fuiste ofendido, siempre debes perdonar.

Nunca olvides lo bueno que es la caridad,
compartir con los pobres, te dará bienestar,
tus actos de vida deben ser con humildad,
debes ser positivo y seguro podrás triunfar.

Borra siempre de tu mente la negatividad,
al sentirte triste, canta y ponte a abrazar,
a la familia y amigos y sentirás tranquilidad,
el cerebro generará a tu pedido, la felicidad.

Ser feliz depende de tu actitud y positividad,
si te sientes apenado y triste, ponte a bailar,
tu proceder es importante, te lo digo de verdad,
¡serás feliz! solo si tu vida logras encaminar.

La muerte

¿Qué es la muerte?, se preguntan sin cesar.
El corazón y cerebro dejan de funcionar,
el cuerpo inerte y frío, muerte sin duda,
no respira, el corazón dejó de latir.

No ve, no escucha, nunca podrá hablar,
pena y tristeza si no hubo despedida.
Cumplir su deseo, enterrar o cremar,
su alma en el Cielo, su última morada.

Mirar hacia el cielo y ponerse a rezar,
nuestro Dios nunca nos dejará de amar.
Si has vivido haciendo el bien, sin dudar,
en el Paraíso, su alma descansará en paz.

Eres única, amor

Eres única, amor de mis amores;
expresión de un joven enamorado.
A una mujer bella como las flores,
¿cuántas chicas han sido tus amores?

Eres la primera, lo digo sin temores.
¿Por qué soy amor de tus amores?
Amé a Dios, a mi madre y ahora a ti.
Tú eres la única, amor de mis amores.

Buena y linda como tú, pocas mujeres.
Tu mirada dulce me deja anonadado.
Tu voz tan suave, como los ruiseñores.
Por eso eres el amor de mis amores.

Santísima Trinidad

Nuestro Señor Jesús, su único hijo,
el Espíritu Santo y el Dios Padre:
juntos los tres son los que conforman
la Santísima Trinidad, escuchan como:

Lo que de verdad son, un solo Dios,
seres supremos del Cielo y laTierra.
Eso nunca en tu vida lo debes olvidar,
porque ellos no se olvidan de ti jamás.

Solo debes tener muchísima fe en Él.
También lo acompañan un ejército de
ángeles y santos, lo atienden sin vacilar.
Reza, te escucha, nunca deberás dudar.

Él es nuestro único y Santo Creador.
Pide lo que quieras con mucho fervor,
Él te escucha, te lo puedo asegurar.
La Trinidad Santa es un solo Dios.

Dios su ley y mandamientos

Para el católico apostólico y buen cristiano,
nunca debería olvidar los mandamientos
que Dios dio a Moisés en el monte Sinaí
hace casi mil quinientos años A. C.

Diez mandamientos fueron la ley de Dios:
amarlo sobre todas las cosas, con el alma,
la mente y el corazón fue el primero.
No jurar su nombre en vano, el segundo.

Santificar las fiestas en su nombre, el tercero.
Honrar al padre y a la madre, el cuarto.
No matar a su prójimo fue el quinto.
No cometer actos impuros, el sexto.

No robarás a tu prójimo, el séptimo.
No darás falso testimonio ni mentir, el octavo.
No pensar en actos impuros, no desearás,
ni menos los consentirás, el noveno.

No codiciar bienes ajenos, el décimo.
Y Jesús de Nazaret, el hijo de Dios, nos dio
un maravilloso mandamiento nuevo:
que nos amáramos unos a otros.

Como él nos amó y nos enseñó a amar,
si estos mandamientos se cumplieran,
sin guerras, sin hambre, sin pobres,
el mundo entero solo conocería la paz.

Misericordia divina

Dios, no solo eres bueno y misericordioso,
me salvaste la vida muchísimas veces.
¿Cómo dudar que fuiste y eres milagroso
si fui desahuciado enésimas veces?

Dios mío, vives en mi alma y en mi corazón,
me has acompañado desde que nací.
Yo te amo, te quiero con mucha razón,
con extraordinaria fuerza y gran frenesí.

Y cuando al fin llegue mi último día,
te ruego y te pido, ¡oh, mi Creador!,
me libres y perdones de todo pecado,
y sea yo tu oveja, ¡oh, mi gran Pastor!

A la Virgen María

Oh, Virgen María, Santísima Madre de nuestro Jesús,
fuiste la elegida por Dios Padre, nuestro creador.
El Espíritu Santo, enviado por nuestro Señor, permitió
que de tu bendito vientre naciera su hijo Jesús.

Al dejar la Tierra, subiste al Cielo en busca de Dios,
Santísima Madre, reina y señora del universo.
Nada más justo para una Virgen Santa como tú,
Madre de Jesucristo, su único hijo de nuestro Señor.

Todos te queremos en este mundo con infinito amor,
eres tan buena además de bella, eres milagrosa.
Ayúdanos siempre afrontar la vida con mucho valor,
oh, Virgen María, santísima madre de nuestro Señor.

Oración

Palabras que nacen del corazón,
dirigidas a Dios, que tanto amamos,
con nuestro Señor una conversación,
no son nuestros rezos cotidianos.

Lo hacemos con natural devoción,
siempre a solas le imploramos,
escuche y atienda nuestra petición,
Él sabe cuánto lo amamos.

Sagrado Corazón, se llenará de emoción,
y aunque nosotros nunca lo veamos,
nuestros problemas tendrán solución,
qué importante es y será la oración.

Oración al Señor

Orar al Señor nuestro Dios todopoderoso,
y entregar nuestro corazón solo conversando,
porque sabemos que Él es misericordioso,
lo que a Él le pidamos, estará escuchando.

Sé que sus sabios consejos me harán virtuoso,
no solo me concederá lo que estoy deseando,
sino lo que me conviene y me hará dichoso,
aceptaré su voluntad y lo seguiré amando.

Mensaje divino me llegue, estoy muy deseoso,
me agrade o no, lo aceptaré, solo pensando,
su mensaje es sagrado y también primoroso,
quiere mi bien, y mi fe la está fortaleciendo.

Gracias a nuestro creador

Doy infinitas gracias a nuestro Creador,
Él me permitió nacer en este mundo,
con bellos paraísos a nuestro alrededor,
siento por Él un amor profundo.

El sol, la luna y las estrellas, Él me deja ver,
hermosas tierras de un jardín fecundo,
tanta belleza difícil de entender,
el sol ocultándose, realmente rubicundo.

Admiro a Dios en todo su esplendor,
vivir en este mundo, verdadera poesía,
un paraíso expresando su inmenso amor,
por eso lo amo y lo quiero en demasía.

Dios es todo para mí

Dios, me diste la vida, existo gracias a ti,
eres mi Padre eterno, eres todo para mí.
Eres bueno y bondadoso, llenando mi alma
de paz, de alegría y profunda calma.

Eres el único que me da esperanza,
pude conocerte desde que empecé a vivir,
y permitiste que te amara con tanta bonanza
cuando aún no sabía leer ni escribir.

Dios, guiaste mi vida, me señalaste el camino,
y confiado, como siempre te seguí,
con mucha fuerza y gran voluntad,
y de ese gran camino nunca me perdí.

Dios es único

Dios, a Él le debo la vida, Él es todo para mí.
En el mundo, millones de seres humanos,
católicos y cristianos, piensan igual que yo.

Es omnipotente, bueno y misericordioso,
sobrenatural, creador de todo el universo
y de todo ser viviente que en Él existe.

Le debemos a Él nuestra admirable existencia,
eso nadie lo puede dudar, digno de admirar.
No lo vemos, pero vive muy dentro del alma.

Y también vive muy dentro de nuestro corazón.
Dios todopoderoso, por eso, vive en todo lugar,
en cada rincón del mundo y de todos sin dudar.

Es nuestro compañero y también nuestro gran amigo,
es médico y medicina, cura la mente y el alma,
cura también nuestro cuerpo, cómo no poderlo amar.

Debemos todos, sin lugar a duda, agradecer a Dios,
por cuidar siempre de nosotros y darnos la vida.
Mientras tengamos vida, nos queda solo agradecer.

Dios está en todas partes

Todos se preguntan dónde está Dios.
No puedo verlo, menos hablar con Él.
Voy a la iglesia, lo miro, le hablo, y no
sé si me escucha, y de rodillas le ruego.

El hombre puede escuchar a los adagios,
al Creador del mundo, del cielo y la tierra,
del hombre y el paraíso que tú admiras.
No es materia, Él es espíritu invisible.

No existe el espacio ni el tiempo, y menos
la distancia. Recuerda, Él es inmaterial.
Es por eso que vive en el universo entero,
aunque no lo creas, vive en ti también.

Muy dentro de tu alma y de tu corazón,
recuerda, jamás deberás ponerlo en duda.
Estás obligado a conocer lo que es la fe.
Háblale, te escucha, así no lo puedas ver.

Una molécula eléctrica es, dispersa,
en los más recónditos del mundo.
La energía eléctrica de tu cerebro
conectada, sin dudarlo, con la de Él.

Por eso está siempre en todas partes,
en los millones de seres humanos
que, sin verlo ni escucharlo hablar,
confían ciegamente en nuestro Dios.

Los siete dones del Espíritu Santo

Si eres católico apostólico y cristiano,
los siete dones, nunca debes olvidar,
gracias a ellos, eres tú, muy bueno,
eso en tu vida siempre has de recordar.

Si actúas con sensatez y con prudencia,
si con estudios fijas tus conocimientos,
adquiriendo además gran experiencia,
has recibido el don de SABIDURÍA.

Si tú aprendes, entiendes y razonas, con
capacidad para resolver tus problemas,
has recibido el don de INTELIGENCIA,
si alguien te habla, para que tus acciones

de vida, sean buenas, sanas y correctas,
has tú recibido el don del CONSEJO;
si te resistes y te mantienes firme ante
la adversidad, es el don de FORTALEZA.

Si tienes capacidad para observar, para
investigar, resolver y verificar hipótesis,
dominio de las matemáticas y la física,
has recibido el don de la CIENCIA.

Si tus actos son de amor y de compasión
a tu prójimo, y muestras devoción a Dios,
has recibido el don de la PIEDAD;
si somos buenos y con gran humildad,

con profundo amor y gran confianza
y respeto nos entregamos a su corazón,
hemos recibido el don TEMOR DE DIOS,
demos así las gracias al Espíritu Santo.

Paz en el alma

Siento una profunda tranquilidad,
ni percibo el latido de mi corazón.
Todo es para mí una gran felicidad;
olvidé que antes sentía gran desazón.

Lo que percibo es una gran deidad;
los que me rodean me dan la razón.
Nadie quiere vivir con la necedad;
dentro de mí hay una gran sensación.

Percibo lo malo como una banalidad;
solo disfruto lo bueno en mi corazón.
Lo indigno lo asumo como una trivialidad;
mi alma está en paz, una gran sensación.

Mis párpados caen

Mis párpados ya caen y doy gracias a Dios,
a quien nunca olvido ni dejo de amar.
Y al cerrar los ojos, antes de soñar,
le ruego me deje vivir nuevos días.

Llenando mi vida de algarabía, un nuevo día
de cualquier estación, y seguir existiendo,
admirando la naturaleza, la gran maravilla.
Será un nuevo día el que esté viviendo.

El futuro

Tener mucha fe, en nuestro Dios y en uno mismo.
Cerrar los ojos pensando en nuestro gran futuro.
Hay que recordar que Él planificó nuestro destino:
nos ama y nos quiere, de verdad te lo aseguro.

Borrar de nuestra mente y olvidar el pesimismo;
planifiquemos nuestra vida y siempre muy seguro.
Pensar en la muerte sería de verdad un desatino:
solo con fe y sin temor, pensemos en Él y el futuro.

No puedes a Dios fallar

Y no le puedes, tú, a nuestro Dios fallar,
por eso tienes mucho que pensar.
¿De verdad quieres ser médico?
De esos médicos buenos que sirven para curar

y aptos para sanar y a los pacientes rehabilitar.
Entonces reflexiona, solo tienes que estudiar.
Sé que es difícil lograr entender o alcanzar a comprender
porque eres adolescente o un joven estudiante.

Pero tienes que olvidar, en forma definitiva,
muchas cosas que es frecuente vivir en la juventud.
Solo tienes que esforzarte esos años de formación,
pero te aseguro que, si eres bueno, tu vida será muy larga.

Y te lo digo por experiencia,
vivirás feliz en la tierra, muchos años te aseguro,
y no te arrepentirás.
Y tal como te dije al inicio,

cuando llegue el momento del último latido de tu corazón,
viajarás al firmamento o a ese espacio desconocido,
buscando a Dios a darle infinitas gracias
por haberte, en este mundo, bendecido.

Sagrado Corazón

Solo a Jesús pertenece
el Sagrado Corazón
hijo de Dios con razón
bueno y misericordioso

Me protegió desde niño
no se separó de mí
me acompañó toda mi vida
jamás lo podré olvidar

se lo digo todos los días
Sagrado Corazón de Jesús
en mi vida solo confié en ti,
Sagrado Corazón de Jesús en ti confío.

Las siete virtudes cristianas

Si de verdad se es católico y cristiano,
siete virtudes que no puede olvidar:
ser modesto y nunca presumido,
demostrar así su verdadera HUMILDAD.

Ayudando siempre a los más necesitados,
no negándoles nunca una limosna,
dando de comer siempre al hambriento,
demostrará así su virtud de BONDAD.

Manteniéndose siempre casto y puro,
obtendrá así la virtud de la castidad,
reconociendo al Corazón de Jesús milagroso,
y obtendrá así su virtud de GRATITUD.

Manteniendo su sensatez, dominando su voluntad,
controlando su deseo, su virtud será el TEMPLE,
creyendo en nuestro Dios, comprendiendo su fe,
aceptando su salvación, su virtud será la PACIENCIA.

Nunca olvidar pedir perdón en sus oraciones,
cumpliendo los compromisos que hicieron a Dios,
manteniéndose siempre activo, sin caer en la pereza,
ganará la gran virtud de la DILIGENCIA.

Los siete pecados capitales

Son siete los pecados capitales,
para los verdaderos cristianos:
orgulloso de sus propios logros,
su pecado será LA SOBERBIA.

El fin de su vida es poseer dinero,
querer tener bienes materiales,
predomina en él solo el egoísmo,
su gran pecado será LA CODICIA.

Sus pensamientos serán impuros,
su compulsión sexual incontrolable,
cometer adulterio o violación,
su gran pecado será LA LUJURIA.

Su obstinación de poseer lo ajeno,
sin dudarlo, su pecado será LA ENVIDIA,
consumo voraz y desmedido de alimentos,
su pecado capital será LA GLOTONERÍA.

Si sus sentimientos se descontrolan,
si la rabia o el enojo lo dominan,
o toman la justicia con su mano,
su pecado capital será LA IRA.

Si por voluntad propia descansa,
sin deseos alguno de trabajar,
abandonando su salud, su razón y su vida,
sin motivo, su pecado será LA PEREZA.

Debe considerar el buen católico y cristiano,
que con gran fuerza de voluntad evitará el
pecado, y pedir a Dios que nos lleve de la mano,
sin olvidar jamás que Dios nos tiene piedad.

Mi virgen de Luján

Preciosa y hermosa Virgen que adorna,
dando vida al Santuario, ubicado en Luján.
En la Provincia del gran Buenos Aires.
Argentina, país hermano jamás olvidado.

Era un adolescente estudiando Medicina.
Los enfermos pedían de día y de noche a la
Virgen Milagrosa, patrona de la Argentina:
concediendo a sus ruegos, todos se curaban.

Del Perú me llaman, una mala noticia para mí:
madre se encontraba enferma de gravedad.
Y pensé en la Milagrosa Virgen de Luján.
Decidí visitarla a su Sagrado Santuario

Pedirle y rezar por mi adorada Madre, que
la salve y la cure de su grave enfermedad.
Decidí ir, caminando setenta y tres kilómetros.
Me encontraba exhausto. Al verla, todo cambió.

Fuerte como nunca, comencé a rezar y pedí
por mi madre, y que la sanase de su grave enfermedad.
Que permita graduarme de médico para su felicidad,
que se cumplan sus sueños y el mío lo pedí con piedad.

Y la Virgen se apiadó, el milagro me concedió.
Mi madre sanó y puse en sus manos mi título
de médico. Viviendo con ella veinte años más,
acompañada de la Sagrada Virgen de Luján.

Hasta el día en que, nuestro Dios, se la llevó.
Más de cincuenta años ya han transcurrido y hoy
venero en mi propio altar, a mi corazón de Jesús,
junto a mi bellísima y adorada Virgen de Luján.

Mi Corazón de Jesús

De verdad es difícil comprender,
para algunos seres de este mundo,
el creer en algo que no se puede ver.
Pero sí amarlo, aunque sea absurdo.

Lo respeto, lo quiero con todo mi ser.
Escucha y nos ama, eso sí es rotundo.
Vive en mi corazón. Quisiera entender:
no me habla y me quiere, no lo dudo.

Es mi Dios. Me ama y no lo puedo ver.
No oigo su voz, de su presencia no dudo.
Pero lo amo y quiero con todo mi ser.
Por amor a nosotros, murió crucificado.

Mi Corazón de Jesús tenías que ser.
Por eso te quiero y te rezo a menudo.
Solo en ti confío, así no te pueda ver.
Eres nuestro Dios, de ello nunca dudo.

Naturaleza

La bella primavera

Está por terminar la bella primavera,
luz y color en la mañana entera.
Presto admirar el bello atardecer,
ocultándose el sol en el horizonte.

De ese profundo e inmenso mar,
el corazón de emoción latiendo,
profunda paz en mi alma voy sintiendo,
inmensos deseos de volver a amar.

La naturaleza es bella, digna de extasiar,
la observo, la veo hasta embelesar.
De pronto, se oculta el sol en el horizonte
y paulatinamente va oscureciendo.

Levanto la vista admirando el cielo,
millares de estrellas y radiante Luna,
en el firmamento un fino terciopelo,
quedo extasiado por mi gran fortuna.

Rosales de ilusión

El sol ya declinaba,
su rubia cabellera
se diluía en pálido
fulgor aquel atardecer
de primavera que
sembraste en mi alma
rosales de ilusión.

Cosas del destino

El destino nos mantuvo separados
desde muy jóvenes y sin quererlo,
jamás dejamos de ser hermanos.

Nuestros corazones latieron juntos
al compás del tiempo y la distancia.
Benji, jamás dejé de pensar en ti.

Menos olvidarte, ni un solo instante,
admirando tu imagen y prestancia,
tu inteligencia, digna de admirar.

Sin quererlo, te adelantaste un día
en busca de Dios, del que me hablaste,
estás seguro con Él, eso ni dudar.

Vives con Él en el Cielo, mi hermano querido,
con la piadosa y dulce Virgen María.
Estoy seguro de que su amor por ti existe.

Mi inolvidable, bueno y querido Benji,
estoy convencido de que te encuentras bien
en ese lugar con el que tanto soñaste.

En el paraíso, de las manos caminando
junto a nuestros padres, rezando,
gracias nuevamente, inolvidable hermano.

Espero el día y la hora que el destino
me tiene señalado para ir a buscarte,
ese mismo instante, y poder abrazarte.

Decirles a ustedes todos juntos
que la espera no fue en vano,
los amé y los seguiré amando.

Mi mascota

Es un hermoso perrito muy digno de admirar,
su pelo es ondulado y blanco como la nieve,
ojos grandes y negros que no dejan de mirar,
me ve llegar y su cola es lo que más mueve.

Como si fuera un niño, solo se deja abrazar,
ladra muy suavemente para que al parque lo lleve,
le pongo su collar para caminar y me quiere besar,
a ella no le importa si hay sol, frío o si llueve.

Mi mascota es hermosa e inteligente, no tiene par,
de pronto se para, me mira, algo que conmueve,
si fuera por ella, a la casa no quisiera regresar,
no permitiría jamás que alguien se la quisiera llevar.

Mascota

Trae buena suerte, lo dicen todos,
sea cual fuere, un bello animal,
es el preferido, de todos modos,
aunque de verdad, no sea uno real.

Perro o gato, con nombre o apodos,
importante es siempre que sea leal,
como un hijo, los quieren a todos,
y serás castigado, si los tratas mal.

Son los preferidos por adultos y niños,
los engríen y quieren a todos por igual,
cariñoso es el perro, todos hogareños,
inteligente, audaz, y lejos de ser animal.

La naturaleza

Quizás sea solo un sueño o mi parecer.
¿Qué es lo más bello de la naturaleza?
¿Admirar un lindo y hermoso atardecer,
o la luna y las estrellas que embelesa?

Quizás las cataratas de agua pura y cristalina;
serán acaso las lagunas que ellas engalanan;
la verde montaña que muy cerca se origina;
la belleza de sus flores que la ornamentan.

¡Oh! Los rutilantes días, de sol y sin neblina;
el color que, de las avecillas, adornan.
Algo que me encanta es el atardecer cuando el sol declina
¡Oh! El gran mar, su horizonte y las olas que se forman.

Colibrí

Una de las aves más bellas del mundo,
verla y admirarla es una maravilla.
Vive en el Perú algo muy rotundo,
en el Amazonas es la que más brilla.

Más de trescientas especies parecidas
en todo el continente americano,
en otros países no son conocidas,
es un orgullo tener colibrí peruano.

Se dice que es mensajera del cielo,
para los mayas es de buena señal,
portadora de amor y buenos deseos,
tiene un significado muy espiritual.

Para muchos es mensajera divina,
cuando revolotea sobre tu cabeza,
te invita a seguir adelante también,
te invita a no mirar nunca hacia atrás.

Ave muy pequeña de buena fortuna,
si se acerca a ti te da protección,
da buena suerte también felicidad,
se acerca a ti con buena intención.

Sus bellos colores te dejarán extasiado,
para algunos su bella presencia significa
la resurrección de las almas, ave hermosa,
maravillosa, es un símbolo muy espiritual.

El rubicundo mar

Los rayos del sol dejan al mar rubicundo,
mientras alcanzamos nuestros sueños,
dejándonos a todos con gran fortaleza.

Admirando el sol ocultarse en el horizonte,
muestra sus movidas olas de un rubio color,
maravilla es esa, belleza de la naturaleza.

Bañarse en sus movidas aguas rojiazules,
solo y sin pensarlo, el alma tranquiliza,
el mar es hermoso, lo digo con franqueza.

Muestras que ofrece esa gran belleza,
es además grande, fuerte y poderoso,
une los cinco continentes en el mundo.

Dejando navegar sobre sus aguas,
pequeños barcos y también inmensos,
poder conocer algo más del universo.

Es maravilloso y también portentoso,
tempestades y huracanados vientos,
manteniendo por siempre su firmeza.

Da paz, da amor, mucha alegría,
causando a los que lo ven algarabía,
es lo mejor que Dios creó un día.

El mar

Maravilloso es el mar, un gran océano,
inmenso, majestuoso y muy profundo,
admirar tu inmensa belleza y grandeza.

Algo grandioso y de verdad ostentoso,
es feliz el que te admira en este mundo,
sin duda la vida para él recién empieza.

Tus olas mueren en sus bellas playas,
embelleciendo así las arenas blancas,
algo que, sin lugar a duda, lo embelesa.

Permitiendo al hombre descansar en ellas,
dejando que los rayos del sol lo besen,
realmente es algo real que embelesa.

Paraíso terrenal

Nuestro planeta es un paraíso terrenal,
es tan hermoso que nadie lo podrá dudar.
Lo puede asegurar cualquier ser mortal,
sus bellas montañas y su inmenso mar.

Cañones, quebradas, ríos, no es trivial,
hermosas aves dan mucho que hablar,
flores con bellos colores, algo colosal,
paisajes y praderas, todo para admirar.

Planeta Tierra, es un paraíso terrenal,
el sol, la luna y las estrellas para admirar,
planeta con tanta belleza no parece real,
quedo enamorado de su rubicundo mar.

El paraíso terrenal

Vivimos en un planeta terrestre, llamado Tierra,
no solo habitado por miles de millones de seres humanos,
sino también por la naturaleza y su hermosa belleza.

Plantas exóticas, animales por doquier y aves,
tan bellas que dejan extasiado a quien las mira.
Montañas, ríos, lagos e inmensos mares, cobijando
a miles y millones de variados peces.

Ellos son fuente de vida para los seres humanos,
y qué decir de las maravillosas plantas, muchas.
No son solo tu alimento, sino también curativas,
que para nuestra vida pensó nuestro Creador.

De los planetas del sistema solar, somos el mejor.
Los que vivimos en él gozamos y vivimos de su calor.
Admirar la noche, la luna y sus estrellas es para soñar.
De verdad, no dudes, vivimos en un paraíso terrenal.

Esas bellas flores

Siento fragancia y olor de esas bellas flores,
quedo absorto mirando sus lindos colores,
un hermoso ramo para el amor de mis amores,
expresión de cariño, sin vacilación ni temores.

Comprenderás cuando de verdad te enamores,
que la naturaleza te ofrece preciosas flores,
muy parecidas al gran amor de tus amores,
tal como lo hacen los hermosos ruiseñores.

El tiempo

El tiempo y la vida

Fugaz, así pasa el tiempo,
así de veloz pasa la vida,
casi sin darnos cuenta.

Pasan los días sin pensarlo,
no lo sentimos, y van transcurriendo,
avanzan así, sin pensar también los años.

Y de pronto ya estamos de salida,
pocos son los que así lo piensan,
no dan importancia alguna al tiempo.

Llega la muerte sin haber sido jamás pedida,
aprovechemos la vida
y los días que nos quedan sin medida.

Logremos ya nuestra felicidad
y nuestros sueños, sino hasta cuándo,
nuestra vida será siempre bienvenida.

Ganemos al tiempo

Ganémosle tiempo al tiempo,
perseverando así en la vida,
ella perdura, no sabemos hasta cuándo.

Puede ser corta, oh, también muy larga,
dejándonos con una fatal embestida.
Vivamos con razón, por eso el día a día.

El final de la vida nos está siempre esperando,
aprovechemos al máximo nuestra existencia,
y cada día de vida sea siempre bienvenida.

Así pasa el tiempo

Así van pasando los días, así van pasando los años,
como pasan las blancas nubes en el azul del cielo.
Así como cuando se oculta el sol en el horizonte,
aparece de pronto la noche, sin poder evitarlo.

Despertar un nuevo día y levantarse presurosos,
y ganarle al tiempo será nuestro mayor anhelo.
Un imposible, pues el tiempo nos ganará de lejos,
como el tic tac del reloj, imposible detenerlo.

Pasa el tiempo como verdadero trotamundos,
segundos, minutos, horas sin poder evitarlo.
Se ven mis canas y mi faz con pálidos reflejos,
no detener al tiempo, solo hay que aceptarlo.

Sin olvidar nunca alcanzar nuestros sueños,
inmutarse al paso del tiempo y tener consuelo.
Mantener nuestra alma y pensamientos puros,
todos al final de los tiempos nos iremos al Cielo.

El fin de la vida

Algo que llega a uno casi sin pensar.
Se teme de verdad y no se le espera.
O que en ello nunca se ha pensado,
pensando que la vida es perdurable.

Aunque se sienta el corazón aún palpitar,
su visita llegará sin más y de improviso.
Sin avisar la hora ni día. Es de lamentar.
Ojalá que nuestra alma viaje al Paraíso.

Por eso a Dios, siempre hay que rogar
nos perdone y nos libre de todo pecado.
Y nos permita a los pobres poder prodigar
los bienes que con amor Él nos ha dado.

En vida, no debemos nunca olvidar
que la ambición y la codicia son pecados.
Vivamos en paz, con fe y esperanza,
pues Dios nos tiene todo preparado.

La longevidad

Dar gracias a Dios si eres longevo,
una suerte vivir tan prolongado tiempo,
miles de experiencias reavivan tu ego,
espero no haya sido solo un pasatiempo.

Si lo que aprendiste no te has olvidado,
servirás a la sociedad con seguridad,
los años no importan, si vasto te sientes,
no interesa el tiempo, solo tu capacidad.

La vida para mí

¿Qué significa para mí la vida?
Me pregunto siempre, sin cesar,
sin embargo, ella es consentida
por mi mente y alma, sin pesar.

El día de la concepción sin duda,
hasta que nací y comencé a gritar,
podía mirar y quizás podía escuchar,
no sentía aún lo que era el amar.

¿Cuándo comenzó para mí la vida?
Mi conciencia se comenzó a activar,
actuando y haciendo lo que yo decida,
hablaba, reía y todo podía escuchar.

A mis padres queridos poderlos mirar,
acariciar sus rostros y poderlos besar,
con mis hermanos poder conversar,
ver el sol, las estrellas y también el mar.

De verdad, ahí comenzó mi gran vida,
eso sí, me es posible poder asegurar,
padres y familia es por mí conocida,
comenzó el primer día de mi larga vida.

Estar muy consciente y poder conversar,
aprender a leer, escribir, de la nada,
egresar de un Gran Colegio Militar,
llegar a ser médico, vida bien amada.

A miles de enfermos he podido curar,
bendiciones es lo que mi corazón anida,
de la muerte he podido a muchos salvar,
eso y quizás más, para mí es la vida.

Un día más de vida

No me cansaré de agradecer
a Dios el nuevo día de vida,
un hermoso y lindo amanecer,
la naturaleza será bienvenida.

Admiro su belleza y me da placer,
hermosas aves, una que se anida,
alegría que no puedo contener,
nuevamente un día más de vida.

La vida es única

Si respiro y mi corazón está latiendo,
es que aún estoy con plena vida,
pero ella tiene valor si de verdad
mi conciencia no está excluida.

De seguro y sin duda, única es la vida,
conocer el amor desde el primer día
en que se nace, y se llora de alegría,
sentir el amor, bendito de sus padres.

Y conocer el cariño de la familia,
los hermanos y los buenos amigos,
encontrar a la mujer de sus sueños,
y los frutos del amor, ansiados hijos.

Que dan felicidad a nuestra vida,
no interesa ser pobre o ser muy rico,
importante es mantener el alma pura,
conocer a Dios y amarlo con premura.

Sin duda la vida es y será siempre una,
apreciar las maravillas de la naturaleza,
el sol, el bello atardecer, la noche llega,
nos permite admirar la luna y las estrellas.

Altas montañas, ríos y bellos paisajes,
el mar y el vaivén de olas espumosas,
aves muy hermosas como el bello picaflor,
colores que luce la cola del gran pavo real.

Si no es agitada la vida, ella no es vida,
se debe conocer la pena y la alegría,
la tranquilidad y también la algarabía.
Al final la vida es y será siempre una.

Al terminar la vida

La vida es lo más maravilloso
que nuestro Dios nos ha dado.
Puedes ser rico y portentoso
o muy infeliz y abandonado.

Pero es tu vida y la has vivido,
quizás pobre y poco talentoso,
quizás rico y muy afortunado.
La vida es algo maravilloso.

Si no existe la vida, lo has pensado,
llega la muerte y es algo doloroso.
¿Alguna vez de ella te has interesado?
Reflexiona, el morir es algo temeroso.

Meditar sobre el fin de la vida es
un momento por qué no, fantasioso.
El Cielo, como premio es deseado;
no llegar a él será muy doloroso.

Dios es siempre misericordioso,
sabio y creador del universo todo,
bueno y siempre todopoderoso.
Jesús jamás nos ha abandonado.

El corazón y el tiempo

El tiempo y el corazón pasan casi sin advertirse,
el corazón sigue latiendo, despiertos o dormidos.
Tan igual pasa el tiempo, avanza sin inmutarse,
si los percibimos, por suerte, estamos aún vivos.

Lo maravilloso, que ambos lo hacen sin jactarse,
sin duda, los dos por nosotros son bienvenidos.
La muerte llega si el corazón deja de activarse,
el tiempo seguirá, como verdadero trotamundos.

Y continuará avanzando sin conmoverse,
aunque no se escuche, del corazón, sus latidos.
Así es el tiempo, no tiene a quien rendirse,
gracias al corazón, por él estamos todos vivos.

La honradez

Es propio de un ser virtuoso
ser honrado, ¡qué maravilloso!,
decente, probo y ser honesto.

Es un ser de gran fortaleza,
pocos tienen esa grandeza,
virtud que de verdad embelesa.

El honrado no sabe robar,
así, gana su comunidad, una
ofrenda que le ofrece a Dios.

La integridad

Una bella cualidad del ser humano:
ser íntegro, honesto, decente y justo.
Recto, noble, no actuar con engaño,
no portarse como hombre adusto.

Ser honrado es también ser digno,
una persona que no miente a nadie.
Es una virtud el no ser tramposo,
ser honorable es un ser grandioso.

Lealtad

Para el ser humano, una maravillosa cualidad:
respetar compromisos, no solo con su hermano.
Ser leal con sus padres y amigos, con sinceridad,
respeto a los principios morales y fidelidad.

Lealtad entre esposos deberá ser una realidad,
apoyarse y ayuda mutua, siempre de la mano.
Ambos jurarse no cometer nunca infidelidad,
lealtad entre amigos, como buen ser humano.

Pereza

La pereza, de verdad, es algo que interesa,
semejante a un árbol que no se mueve,
nada le interesa, solo busca la bonanza,
ve trabajando, se aleja, no se conmueve.

Envidia a la persona que no descansa,
se levanta, come, y a dormir se vuelve,
trabajar para él solo es una esperanza,
solo rogar de que algo bueno lo motive.

Mentira

Qué todo ser humano mienta,
imposible poderlo asegurar,
el adulto o niño siempre intenta
por cualquier motivo engañar.

No hay hombre ni mujer que no mienta,
y de eso, nadie lo podrá nunca negar,
puede ser alguna mentira piadosa
que alguna vez se podría perdonar.

Grave es la mentira, también deshonesta,
por culpa de ella a uno lo pueden matar,
aquel que, como buen testigo, se presta
a afirmar una mentira solo para engañar.

Lo triste es de sus mentiras no se arrepienta,
y el daño que, con ese acto, pueda ocasionar,
el mitómano compulsivo no se da cuenta,
solo nos queda nada más que lamentar.

Robar

Pensar en esa palabra solo es para llorar,
apropiarse del dinero o de bienes ajenos.
Para ellos es muy fácil también engañar,
se los llama ladrón, no son nada buenos.

A cualquier edad, a uno le pueden robar,
adultos hombres y mujeres, y también niños,
dispuestos, casi siempre, a poder hurtar,
pensar que existen, hacen miles de daños.

Lo más triste es que nadie lo puede evitar,
viven pensando dónde y a quién robaremos,
no saben, desconocen, lo que es trabajar,
si es por hambre o flojera, eso no sabemos.

Si es por hambre no queda más que perdonar,
si es por lucro y violencia no los perdonemos,
cometen pecado, y otros que pueden matar,
es un gran delito, nunca lo deben olvidar.

Solo unas palabras para poder terminar,
algunos roban solo para hacerse ricos,
en cargos políticos, hay que lamentar,
también los privados, eso es para llorar.

La envidia

Lo que significa esa palabra
me causa profunda desazón
existen seres en el mundo
deseando lo de otro sin razón

Se ve un rostro muy hermoso
ella quisiera tenerlo igual
si tiene un cuerpo escultural
por envidia dirá que se ve mal

Si se tiene un cargo ostentoso
si se es una persona muy formal
si recibe un premio primoroso
surge de inmediato el envidioso

Deseando casi siempre lo del otro
es un ser de verdad muy codicioso
queriendo tener lo que otro tiene
vivirá siempre demasiado ansioso.

Un paraíso terrenal

Vivir es, en verdad, algo muy sublime,
gozar de este gran paraíso terrenal,
no vivir es algo que a uno lo oprime,
si recordamos que el hombre es mortal.

No sabemos nunca cuánto de vida se tiene,
veloz pasa el tiempo, lo cual nos hace mal,
Dios es quien con vida aún nos mantiene,
por suerte con una vida muy espiritual.

El trabajo y el deporte, eso conviene,
estudiar para ser un gran profesional,
ser honrado y que nadie te condene,
y vivirás feliz en este paraíso terrenal.

Héroes

Hombre o mujer, muy osados y valientes,
sus grandes hazañas les dan mucha fama.
Por voluntad propia son muy conscientes,
a la patria y a todos, de verdad los ama.

Valor y actitudes que viven en sus mentes,
realizan proezas y nunca a nadie reclaman.
Y pensándolo, defienden a todas las gentes,
entregan su vida por ti, con toda su alma.

Destacan actitudes por demás fervientes,
manteniendo la paz y también la calma,
con grandes valores y espíritu ardiente,
héroes que dieron su vida al que clama.

Recordar a un héroe es algo glorioso,
que llena la mente y también el alma,
su perfil valiente, de hombre valeroso,
y pensar que nunca buscaron la fama.

La maldad

La maldad jamás debería existir
en el cerebro de un ser humano.
Perverso, mentiroso, manipulador,
sin importarle que sea su hermano.

La pregunta es cómo pueden vivir
si su comportamiento es inhumano.
Roguemos a Dios, nuestro Creador,
no deje crecer a un ser infrahumano.

Avaricia y la codicia

Un mismo fin persiguen los dos,
ambos buscan solo la riqueza.
El avaro las atesora solo para él,
el codicioso no busca atesorarlas.

Lo produce solo por marcado egoísmo,
sin dudarlo lo hace por propio interés,
buscando solo su propia satisfacción,
no conoce que es un pecado capital.

Pecado que desconoce también el avaro,
solo busca el dinero para él, nada más,
son incapaces de ayudar a su hermano,
mueren, y el dinero no se lo podrán llevar.

Eventos y celebraciones

Cumpleaños

Ansiado día, siempre para recordar,
un año más de vida, muy deseado,
y que muy pocos lo podrían olvidar,
buenos o malos, pero lo han vivido.

A Dios las gracias hay que dar,
vivo y me siento muy afortunado.
Conocí de verdad lo que es amar,
a mis padres amor les he brindado.

A mi esposa la amé sin dudar,
a los hijos que Dios me ha dado
los amé y los amo sin titubear.
Un año más a Dios le he rogado.

Un año más, y juntos poder festejar,
con la familia y sentirme afortunado,
de la esplendorosa vida poder gozar,
amar y recibiendo el amor soñado.

La Navidad

Ya faltan muy pocos días
para la ansiada Navidad,
adornos y multicolores,
se ven bellas de verdad.

Grandes bullicios y algarabía,
alegría verdadera deidad,
el nacimiento del niño Jesús,
noche de verdadera divinidad.

El árbol con sorpresas y maravillas,
luces, regalos, ¡qué preciosidad!
Adultos y niños con gran ansiedad,
adorando y besando al niño Jesús.

Otro año de navidad

Otro año para festejar la Navidad.
Nuestra alegría no terminará
y menos la eterna felicidad
que el mundo entero sentirá.

Emocionante decir la verdad.
Inolvidable y maravilloso día:
nació Jesús para mostrar su piedad
y llenar al mundo de algarabía.

Mostrándonos su eterna deidad
y a su madre la Virgen María,
reina y señora de la castidad.
Sus almas son pura espiritualidad,
su nacimiento fiesta de Navidad.
Más de dos mil años y ya nacía
para dar paz a la humanidad
y darnos su amor en demasía.

Habrá terminado otro día de Navidad.
Jesús vivirá en nosotros de noche y de día.
Seguiremos amándolo, esa es la verdad.
Nos prodiga su amor con mucha piedad.

Un nuevo año

Hoy terminamos el primer día del Año Nuevo,
llegando sin pensar al dos mil veinticuatro.
Recibirlo con gran alegría es muy positivo.
La vida es todo, de verdad hay que ser sincero.

Momentos buenos y malos, solo ser comprensivo.
Viviré otro año más si Dios quiere y no muero.
Trataré de ser más bueno y menos conflictivo.
Amaré a mi esposa e hijos que tanto los quiero.

Acrósticos

Acróstico del amor

Amor, es el torbellino de pasiones, es la
Música armoniosa del ensueño, es el
Olvido de las penas que a uno matan, es el
Recuerdo hasta la muerte de un cariño.

Acróstico del odio

Oscurece a las almas y al corazón que es un portento,
Dejando la mente grandemente perturbada.
Imposible abandonar ese sentimiento.
Oscureciendo nuestra vida sin lugar a duda.

Acróstico a la vida

Vivir es un privilegio que Dios le otorga al mundo,
Incluidas, por cierto, plantas, animales y al ser humano.
Desde el instante de la concepción en un segundo,
Acudir y pedir a Dios, al morir, nos lleve de la mano.

Acróstico a la muerte

Morir es el final de una vida, que llega sin advertirnos,
Último latido de nuestro palpitante e incansable corazón.
Es el día que uno desearía que nunca llegara.
Recordemos que los seres vivos y todos los humanos
Tenemos que pensar, más tarde o más temprano,
Esperar la muerte y aprovechar la vida como ser humano.

Acróstico del dolor

Dolor, un sentir que percibes de improviso en el cuerpo o en el alma,
O una sensación imprevista, subjetiva de poca o mucha intensidad.
La falta de amor, o la pérdida de un familiar o un gran amigo,
O quizás vivir los dos al mismo tiempo, si tu cuerpo es el que sufre.
Recuerda, necesitas tratamiento; si es el alma, solo queda olvidar.

Familia y relaciones personales

Para mi esposa, en el día de su cumpleaños

Faltan tan solo unos minutos
para un nuevo cumpleaños
del amor de mis amores,
Mi adorada esposa.

Tan bella como las flores,
mujer maravillosa y buena, noble y abnegada,
cuyo canto supera a los bellos ruiseñores.
¿Sabes? Me enamoré de ti.

Desde el mismo instante en que te vi,
rostro bello y adusto, con tu velo largo y blanco,
de sacrificada, noble y extraordinaria enfermera,
además, de alma buena e invisible,

Reflejada en tus ojos tan hermosos.
El encuentro fue fugaz,
como el tiempo transcurrido.
hermosa e incomparable, esposa.

Madre de nuestros tres hijos.
Sé que hay muchos ángeles en el Cielo,
pero nunca imaginé que Dios
me quería tanto como para enviarte

Como mi compañera en mi longeva vida.
Y así como hoy, unidos siempre,
en cuerpo y alma, juntos estaremos
hasta el fin de nuestros días,

En la tierra como dos seres incomparables
y en el Cielo, como dos almas que vivirán eternamente,
por la gracia de Dios que permitió conocernos
y vivir como fruto del amor más puro.

Que sean muchos más en la tierra,
y así como hoy, que paso contando los minutos
para que, llegado el maravilloso día,
17 de setiembre, tu cumpleaños, y en los próximos

años, murmurarte muy quedo al oído,
¡Te amo, amor de mis amores!
Eres la más hermosa de todas las mujeres
y de las maravillosas flores que florecen en la tierra.

Para ti, ¡oh, madre mía!

¡Oh, madre mía! A mi adorada madre María Asunción,

¡Oh, dulce y amada madre mía!,
¿Sabes? Fuiste la que inspiró mi vida.
Solo pronunciar tu nombre y mi corazón latía,
y de mi pecho, salirse él quería para ofrecértelo.

¡Oh, dulce madre mía!,
¿recuerdas? Cuando yo era un niño,
me decías: «Hijo mío, eres el hijo de mis entrañas»,
«te quiero, hijo, te adoro».

Y tus labios se posaban en mi frente,
y yo sentía felicidad, gozo y alegría.
Tu presencia era para mí sentirme rodeado de rosas,
de jazmines del más puro aroma.

Te miraba: tus ojos grandes, negros como la noche,
y tu rostro radiante de dulzura.
Era feliz, y aun siendo muy niño, me enseñaste a amar
con la misma intensidad a mi padre querido.

Me enseñaste también a amar a Dios,
creador del cielo y de la tierra,
el que permitió que yo naciera, un día
y conocer a nuestra madre la Virgen María.

Muy dentro de mi alma y mi mente repetía,
ahora sé por qué te amo tanto, madre mía.
Porque tu nombre era María Asunción,
naciste un 15 de agosto, sagrado día.

Tus padres te pusieron ese nombre como tu guía,
y estoy seguro, la Virgen te acompañó,
hasta que me dejaste un día,
fueron casi cincuenta años que gocé de tu dulce compañía.

El día que te fuiste sentí que yo moría,
quería irme contigo.
Era médico y había salvado tantas vidas,
y no pude con la tuya.

Pero tú me enseñaste que no es el hombre
quien decide el momento de la última partida,
sino ese Dios, del que tú tanto me hablaste,
y así, elevando la mirada al cielo,

Comprendí por qué te fuiste,
y sentí felicidad porque sabía
que estabas acompañada de mi padre,
ambos dejaron que sus almas

permanezcan juntas en el cielo,
y entonces me quedé pensando...
que la muerte permite también
que las almas que se amaron un día.

Compartan juntos eso que llamamos
por la gracia de Dios, la vida eterna...
y sabes, madre mía, sentí que poco a poco
mi corazón de emoción latía,

Y también, como médico, sabía
que tú y mi padre, los grandes amores de mi vida,
vivían en mí, porque yo fui el fruto
de ese amor que nació un día.

Entonces me dije: Ustedes viven en mí, y solo me queda
consagrar lo que me diste en vida.
viviré hasta que llegue ese día,
en que tenga que partir y buscar vuestras almas,

Para estar juntos otra vez
con ese Dios del que tanto tú me hablaste,
y al que seguiré amando,
hasta el último día de mi vida.

Recuerdo tus palabras cuando leíamos la Biblia,
el mismo Cristo nos decía:
«El que cree en mí, tendrá la vida eterna»,
y tú bien lo sabes, ¡oh, dulce madre mía!

Amo y creo en Dios, nuestro Señor todopoderoso, y
que, al dar mi corazón, su último latido,
Él me permitirá ir en tu búsqueda ese día,
para besarte y abrazarte, como lo hice en toda nuestra vida.

Tu hijo que te sigue amando, Frank.

Para ti, ¡oh, padre Antonio!

No hay ni habrá un solo día
que deje de rogar a Dios por ti, oh, padre mío,
y hace más de cincuenta años
que partiste a un lugar.

Por nosotros aún desconocido,
aquel infinito que se llama cielo.
Que para ti, sin duda,
te había sido prometido.

Recuerdo a mi madre, quien siempre nos decía:
«vuestro padre es un ángel
y no es ninguna fantasía,
es una realidad del día a día».

Nosotros, tus hijos inocentes,
buscábamos tus alas y nunca se veían,
pero padre mío, esa última noche en que tú partiste,
te vi abrir los ojos, mirar al cielo,

Y elevar tus brazos como si alguien
viniera a llevarte y ser tu compañía.
Y al fin pude ver, oh, padre mío,
tus blancas alas, y así te fuiste,

Elevando poco a poco hacia el firmamento,
y confundirte junto a las estrellas.
Yo, que te vi en ese instante, puedo confirmar
que de verdad eres y fuiste un ángel, padre mío.

Para ustedes, queridos hijos

Como pasan las nubes en el cielo,
así pasan las vivencias en la tierra.
Unas nubes vienen y traen la tormenta,
y otras van dejando pasar.

Los rayos del sol a veces tibios,
otros ardientes... así es la vida, hijos queridos.
Pasa el tiempo, pasan los días, pasan los años,
algunos hermosos, muy parecidos.

A las tranquilas aguas del mar azul,
cuyo horizonte parece estar cerca de nuestras manos.
Otros son días borrascosos, con aguas enfurecidas
por el viento huracanado, tempestad efímera.

Como la vida misma, a veces solo hay que vivir
de los recuerdos, y otras... olvidar casi todo.
Y no atormentarnos así tan vanamente.
Algunos momentos, es difícil afrontar el presente.

Y más aún, cuando el futuro es incierto,
solo nos queda hacernos más fuertes
día a día, y no dejarnos doblegar
por los juegos vanos del destino.

Tener mucha fe en Dios todopoderoso,
quien todo lo puede, Él te llenará de gozo.
Los días venideros han de ser mejores,
eso depende de vuestra fortaleza.

Debemos llenarnos de optimismo y aprender
de los errores y, por qué no, de uno mismo.
Ser cada día más fuertes,
así no permitiremos que dobleguen

Nuestra fe, nuestra fuerza y, por qué no,
nuestro destino, y continuar así viviendo
el sendero de la vida, aquella que Dios nos dio,
y con seguridad, forman y seguirán formando

inevitablemente, vuestro sendero de la vida.
Dando gracias a Dios, el vivir un nuevo día
que nos ofrece como muestra de cariño
con amor, su padre que de verdad los ama.

Para mi hermano Benjamín o Benji

Hermano mío, guardo de ti
lo mejor de mis recuerdos
de mi niñez y juventud.

El gran cariño que siento y sentía por ti
cuando juntos la vida compartimos,
en alma, vida y nuestro corazón también.

Que se prolongó todo el resto de tu vida,
cada instante siempre te extrañamos
en tu inevitable y prolongada ausencia.

Te recibí con los brazos muy abiertos
durante mi vida, mi inolvidable hermano,
respetando al destino y sus designios.

Día del Padre

El nombre de mi padre era Antonio,
recordarlo hoy día me llena de gozo,
añoro su mirada y su adusto rostro.

Me siento feliz con bellos recuerdos
que no olvido desde que fui muy niño,
era él un ser por demás maravilloso.

Su alma y corazón verdaderamente pura,
lo abrazaba y admiraba su tierna figura,
era un ser bueno y por demás virtuoso.

Sentía alegría con solo mirarlo,
lo admiraba con mucha mesura,
junto a mi madre, eso era hermoso.

Hoy que recordamos el día del padre,
lo celebraremos con gran premura,
hombre noble y además glorioso.

Fuiste un hombre demasiado bueno,
cariñoso, justo y también amoroso,
este es un día para mí muy glorioso.

Mi corazón latiendo lleno de gozo,
padre Antonio, de verdad te extraño,
todo lo que soy, te lo debo a ti.

Sin duda, fuisteis un hombre grandioso,
gracias a Dios, todo Él misericordioso,
me eligió un padre, sin duda, maravilloso.

Ser madre

Virtud muy grande que Dios les concedió
a toda mujer: tener un hijo que ella decidió,
casada o soltera, eso nunca le importó,
lo más valioso es ver que su hijo nació.

Ser madre debe ser algo muy maravilloso,
ver al hijo que desarrolló en sus entrañas,
mirarlo, besarlo, acariciarlo y amamantarlo,
solo ella podría sentir esa gran emoción.

Deseable un hijo sea producto del amor,
si no, para tenerlo necesita mucho valor,
será igual una madre, y formará su hogar,
será una madre paciente, capaz de perdonar.

Sacrificada y a su hijo tendrá que alimentar,
será amorosa, comprensiva, guía espiritual,
lo criará, lo educará y será su protectora,
verdad, es el mejor regalo que Dios le dará.

Ser padre

Es un gran regalo que nos dio nuestro Señor,
con seguridad, una gran responsabilidad,
esperar al hijo o hija que llega con amor,
ser jefe de familia, una gran verdad.

En matrimonio o no, casi siempre por amor,
con la futura madre contribuye a fecundar,
esperando el nacimiento de su hijo sin dudar,
emocionado por su llanto, se pondrá a llorar.

Si es responsable, todo será felicidad,
se hará cargo de los gastos del hogar,
alimentación y educación sin titubear,
hará lo posible por darle bienestar.

Apoyo emocional, consuelo y amor le brindará,
con buenos valores y principios lo educará,
le enseñará cómo a la sociedad enfrentar,
seguir por el buen camino, y por él lo orientará.

Pero lo más grandioso que el hijo esperará,
el momento que él lo abrace y lo bese,
que Dios por el buen camino lo conducirá,
mucho más vale en la vida ser muy espiritual.

Y no apegarse en lo posible a lo material,
orientarlo, educarlo y sea un profesional,
sus consejos y cariño no le vendrán mal,
será un gran padre y no habrá otro igual.

La ausencia de mi hija

Aceptando la voluntad de mi Dios,
con mucho dolor vivo resignado.
Que, por años, estemos alejados
de mi hija, a quien tanto he amado.

No son de uno: de la vida son los hijos
y por ley se alejan con su ser amado.
Dejar a sus padres como dejé a los míos,
aunque con ella haya vivido ilusionado.

Son muchos años los que vivimos separados:
ella con adorado hijo y esposo afortunado.
Son felices y por Dios han sido bendecidos.
Con mi esposa e hijos, vivimos resignados.

Nuestros corazones siempre estarán unidos
como si estuviera presente a nuestro lado,
recordando los bellos momentos ya vividos.
De verdad, me siento un padre afortunado.

La familia

La familia es lo más importante en una sociedad,
difícil es vivir sin ella, faltaría el verdadero amor.
Vivir con padres y hermanos es una gran felicidad,
sean consanguíneos o no, se encuentra el amor.

Los padres enseñan a sus hijos a decir solo la verdad,
señalan el camino que nos enseñó nuestro Creador.
Nos aman, cobijan y apoyan con plena sinceridad,
nos ayudan a lograr nuestras metas con mucho valor.

Se vive bajo un mismo techo con pura integridad,
vivir todos en familia es un verdadero esplendor.
Lo importante es que en ellos no exista la desigualdad,
tener una familia para todos, un verdadero clamor.

Por ti, a todas las madres en su día

Por ti y por el sagrado recuerdo que guardo de tu amor,
¡oh, madre mía!,
quiero dedicar a todas las madres en su día
este merecido homenaje.

Pues tú eres el amor de mis amores,
como son las madres
de los miles y millones de hombres y mujeres
que habitan en la tierra.

Madre, apenas concebiste a tu añorado hijo,
lo amaste, lo cobijaste, le brindaste
todo el maravilloso amor
que muy dentro de ti escondías.

Fueron muchos meses hasta que tu hijo nació un día.
No te importó el dolor que durante el parto sentirías,
pues más fuerte fue tu amor y tu alegría,
y tus ansias por conocerlo apenas lo viste a él con vida.

Y escuchar su voz y quedaste conmovida,
admirando la belleza profunda de su rostro.
Instintivamente lo tomaste entre tus brazos,
suavemente lo llevaste hasta tu pecho.

Para alimentarlo con gran amor y gran ternura,
desde ese instante, fuiste su ángel de la guarda,
tanto de noche como en pleno día,
olvidando así tu propio sueño.

Para velar a tu hijo y prodigarle su alimento,
sin que te importe la hora ni el momento,
y durante toda tu vida aquí en la tierra
y hasta el último día de tu vida.

Siempre será tu bebé, el mismo,
que amamantaste el primer día.
Tus hijos te aman, te adoran,
aunque no te lo digan en el día a día.

Y ese amor durará también toda su vida.
Algunos poetas o escritores
y seres que habitan en el mundo
podrían pensar que no hay nada más hermoso.

Que la puesta de sol en el horizonte,
frente a un mar cálido y tranquilo.
Oh, admirar las cumbres más altas
y la inmensidad del cielo y de la tierra.

Oh, también la luna y sus estrellas.
Quizás otros podrán decir
que las flores son más bellas,
admirando su color maravilloso.

De la inmensidad de la pradera,
oh, de los hermosos oasis del desierto.
Oh, la caída desde lo más alto, las
cataratas de agua pura y cristalina.

Pero tan solo pensar en ti, oh, madre mía,
mirar tu rostro angelical recordar
el gran inmenso amor que sin
pedírtelo jamás tú nos brindaste.

Para despertar de otros sueños fatuos del destino
y comprender que no hay nada
ni habrá nada en este mundo
que contemple tu faz tan tierna.

Y dulce como siempre, oh, madre mía.
Solo deseamos besarte y abrazarte,
sin olvidar jamás que lo más bello aquí en la tierra
eres tú y serás eternamente tú, ¡oh, madre mía!

Médicos y salud

Médico

Hombre o mujer que quieren dedicar su vida
a cualquier ser humano, lo importante es curar,
aliviar el dolor de su alma o de su corazón,
y de su mente, si está alterada, la puede curar.

No existen diferencias por raza, piel ni color,
es libre de profesar cualquier religión,
sin distinción alguna, a todos debe tratar
con gran afecto, cariño y mucho amor.

Desde muy niño, adolescente o adulto joven,
lleva dentro de su mente, alma y corazón
curar y evitar que su enfermedad se agrave,
servir a su prójimo, con amor, no le falta razón.

Sea de noche, de día o de madrugada,
avisado de inmediato tiene que acudir.
Lo más importante es salvar la vida;
por nada del mundo debe dejarlo morir.

Encargo divino

Ser médico es, seguro, un encargo divino.
Solo hay que recordar a nuestro Creador.
Fue médico y medicina, nunca olvidar;
ser médico es parte de nuestro destino.

Quiero expresar solo la pura verdad:
ser médico no es solo saber curar.
Hay que dar al paciente tranquilidad
y no dejar a ninguno, dejarlo de amar.

Muchos médicos ya lo han demostrado:
para curar pueden su vida ofrendar.
Para ellos, todo el enfermo es sagrado;
salvar una vida es, a nuestro Dios, amar.

Años tormentosos

Y qué decir de las mujeres
que cuando llegan a cierta edad
y pasaron la llamada menopausia,
algo las atormenta.

Pues su vida, sin querer, ha cambiado
sin que ella lo haya pensado.
Y eso lo conoces y sabes muy bien.
Trátala con hormonas, y su vida habrás aliviado.

Atenderás pacientes con demencia senil
o enfermedades que ya no podrás curar.
Pero, como médico, debes considerar
que todos somos mortales.

Y aunque la muerte nos sorprenda
y nuestros conocimientos nada puedan hacer,
debemos siempre pensar
que se ha cerrado el ciclo de vida,

respetando siempre la voluntad de Dios.
Lo importante, futuro doctor,
es que hayas cumplido con tu deber,
que jamás deberás olvidar.

Prosa al joven estudiante de medicina humana

A todo aquel joven estudiante que pretenda seguir la carrera de Medicina:

Joven estudiante que afrontas
un gran problema, proponerte
y decidir qué es lo que deseas ser.

¿Cuál será la profesión que te acompañará en tu vida?
Hasta el último minuto de ella,
hasta el último latido de tu corazón.
Corazón noble, corazón bueno.

Tu alma y tu espíritu llenos de emoción:
Se preguntarán mil veces,
¿cuál será mi vocación?
Y tu mente vivaz e inteligente,
a veces ya tiene la respuesta.

Y aparentemente está dispuesta
a seguir eso que llamamos intuición.
Si se repite en tu mente
una y otra vez la llamada vocación.

Debes pensar primero
que entre todas las profesiones
importantes, nobles y exigentes,
han sido creadas con un solo fin:

Servir a la humanidad y la comunidad,
sin distingo alguno, todas son importantes
y su indiscutible razón de ser y de existir.
Pero de entre todas ellas, aunque no lo creas,

¡hay una y solo una!
La del médico, que requiere la consagración
de dar toda su vida a la humanidad,
son hermanos que sufren una enfermedad.

Retos de un médico

El dolor intenso por una enfermedad,
desconocida, y ha perdido lo más preciado
de la vida, que es la salud y bienestar,
gozar y tener una vida con calidad.

Puede ser una madre embarazada
que ansiosa espera el nacimiento de su hijo,
puede ser ese hijo que ha nacido
pero llega a la vida enfermo y sin salud.

Y entrarás sin pensarlo en ese vasto campo
que llamamos la neonatalidad,
de un niño que nace sano o de unos
con enfermedades que él nunca pidió.

Puede ser labio leporino, ahí estarás tú,
para curarlo y repararlo
y llenar su vida con buena salud,
y así colmarlo de felicidad,

aquella que tuvimos casi todos al nacer.
Pero también, a pesar de nacer con buena salud,
podrá enfermarse los primeros días
o los primeros años de su vida.

Ahí estarás tú, sin lugar a duda,
utilizando tus conocimientos,
mejorando la vida de sus padres
y de su familia como buen humanista.

Los sabios consejos recibidos
para devolverle la salud, alegría y felicidad.
Aprenderás también a educar a la madre
para que aprenda a alimentar

a ese nuevo y tan esperado ser,
y al mismo tiempo enseñarle
que el sistema de amamantar
es llenarlo de fuerza y de inmunidad.

El médico y el niño

Estarás previniendo enfermedades
propias de nuestra amada tierra,
usando vacunas administradas en su momento
y que son propias de la infancia.

Cuando aún no ha aprendido
ni siquiera a balbucear,
ni mucho menos a caminar,
no podrá expresar su dolor.

Solo sabrá llorar y gemir,
pero tú estarás preparado para intuir,
observar, diagnosticar, y estarás siempre apto
para curar a fin de prodigarle tranquilidad.

El médico y su razón de vivir

¿Y por qué no vivir con felicidad, si muy
importante eres para tus pacientes?
Y después de tus largas noches,
las que llamamos guardias,

en hospitales y muchas veces sin dormir,
al saber que lo curaste,
te encontrarás satisfecho,
y una buena razón para vivir.

Y así tendrás que seguir,
sobre todo los primeros años de ejercicio profesional.
Pero no debes olvidar nunca
que también se enferman los jóvenes,

los adolescentes, los adultos, hombres y mujeres,
y recordar también los de la tercera edad.
Algunos los llaman seniles, por sus largos años,
y aunque así los tengan, todos aspiran llegar

con calidad de vida y con buena salud.
¿Por qué tienen que sufrir si tú lo puedes evitar?
Por eso hay geriatras que se encargan
de ellos hoy, como también hay pediatras

que se encargan de curar a los niños del que hablamos.
Pero como médico cirujano, darás atención
a todo enfermo que necesite de ti,
aunque solo seas un médico general.

El médico y su misión

Curar a pacientes de todo el Perú
o de cualquier parte del mundo
que requieran tu cuidado y atención,
prevención, así como rehabilitación.

Y de tus hábiles manos, bendecidas por Dios,
de tu conocimiento sin límites,
de tu habilidad y destreza,
de tu ética y excelente actitud.

Como médico humanista, con gran vocación,
y por qué no, con profunda dedicación.
Nunca debes olvidar que los enfermos
necesitan siempre tu invalorable atención.

Aquellos que son geriatras
te necesitarán aún más,
pues requieren más cuidado
tan igual que los infantes

o niños y también los adolescentes.
La mayoría de los de la tercera edad
tienen múltiples enfermedades,
adolecen sin saberlo de insuficiencia renal

o también del corazón, así no tuvieran infartos,
porque ya no funcionan normalmente
como lo hacían en su juventud,
tampoco pueden comer con normalidad.

Porque un gran número de ellos
sufre de la llamada diabetes.
Otros, de ateroesclerosis
con poco o marcado déficit cerebral.

Su pensamiento y su memoria no es la misma
que tuvo en su juventud,
y algunos sufren de Alzheimer
porque han perdido su memoria,

sobre todo, la reciente.
Sus sentidos se sienten disminuidos,
sin olvidar la visión y la audición.
En muchos, también el gusto y los alimentos

que él ingería, y eran muy agradables
por haber perdido ese sentido.
Y en verdad, no quisiera cansarte,
pero hay otros que ya no quieren vivir

porque hay una enfermedad neurológica
que no les permite guardar el equilibrio
o manejar sus movimientos, es el Parkinson,
enfermedad que los atormenta.

Pero tú puedes curarlo y, por qué no, mejorarlos,
si eres un buen médico o mejor especialista.
Puedes ser un gran neurólogo
o un neurocirujano diestro e inteligente.

Juramento médico

Luego de pronunciar tu sagrado juramento
de consagrar tu vida a la humanidad,
desde la concepción de una mujer,
nunca olvides que estarás prohibido

por ética y moralmente
realizar o apoyar el aborto
sin justificación alguna.
Lucharás para evitar la muerte

del ser vivo en formación,
cualquiera fuera la razón,
que por más que seas un médico sabio,
noble, bueno y bondadoso.

No podrás permitirte tener más poder
que el divino Hacedor, y debes estar seguro
que, si salvas una vida, te sentirás muy feliz
por ese poder que Dios a ti te otorgó.

El médico y su destreza

Los conocimientos que adquiriste
a lo largo de tus años de estudios,
afianzándolos en tu año de internado,
podrás demostrar tu habilidad y destreza.

Tu actitud y la ética aprendida frente
al enfermo que te toque examinar,
te hará mejor médico y cirujano quizás.
Pero tu confianza y gran seguridad

te ayudarán en tus momentos de dificultad
que en tu vida se presentarán.
Sin lugar a duda, esta profesión
consagrada a la humanidad.

Su vida en tus manos

Pone su vida en tus manos,
ese invaluable y maravilloso ser humano,
o también la muerte si no eres bueno.
Nunca olvides que todos somos hermanos.

Siempre debes recordar
que al momento de recibir
tu título de médico cirujano,
tendrás que jurar obligado

el Juramento Hipocrático
o el de tu universidad,
el mismo que deberás cumplir
y de su contenido, nada debes omitir.

Y nunca, jamás deberás olvidar tu juramento.
Es ante Dios Nuestro Señor, y también por tu honor,
ser médico humanista y con ética responsable,
y tratar a tus colegas como si fueran hermanos.

El colegio médico te dará la autorización
para ejercer esta noble profesión,
y si lo haces en el Perú, obligado tienes que hacer
lo que llamamos el serums,

en forma obligatoria
en cualquier parte de este país,
sierra, costa o selva,
ciudad o pueblo alejado.

Donde muchas veces no se conoce
ni siquiera lo que es el equipo más simple
que usamos en medicina para el diagnóstico rápido,
y posible de alguna dolencia o enfermedad.

Y te encontrarás solo
con tus conocimientos que adquiriste
en tu formación profesional,
sin libros a la mano,

y a veces en lugares donde la computadora
no se puede utilizar y debes tener presente
que el paciente ruega a Dios primero,
y Él, misericordioso, pone su vida en tus manos.

Ser el médico elegido

Sin dudar fuiste por Dios elegido,
no lo dudes nunca, tenlo por seguro.
Dedicarás tu vida a tus semejantes,
tu misión de médico es un sacerdocio.

Y trascurrirá sin darte cuenta
los días, los meses y los años,
y sin sentir, y casi sin pensarlo,
Dios te podrá dar larga vida.

Porque te dedicaste a hacer el bien,
habrás tus aspiraciones logrado,
a miles de personas habrás curado,
y te aseguro que al cerrar los ojos

y dejar tu vida aquí en la tierra,
te sentirás feliz de partir, y que
tu alma vaya a buscar el cielo
con la tranquilidad bien ganada.

A ese Dios todopoderoso
que nos permitió la felicidad de vivir.
Solo quiero decirte, a ti buen médico,
si Él te eligió para esta noble profesión,

ten la seguridad de que muy bueno serás,
muchas vidas salvarás, los ángeles y San Martín
te estarán esperando en ese gran Paraíso
que, con gran alegría, Dios hizo para ti

y para todos los médicos del mundo
al final de su larga y sacrificada vida,
de la que siempre fue testigo nuestro
Dios Todopoderoso y Santo Redentor.

Médicos humanista

Con gran humanismo y también ética
Presté mis servicios, a la comunidad
Del Perú, y diferentes partes del mundo

Seis lustros, dediqué a San Marcos
Siete lustros, a la San Martin de Porres
Sesenta y cinco años de profesor.

En mi alma, siento una gran alegría
Doy gracias a Dios y el Espíritu Santo
Que me dio el don de la inteligencia

Y haber permitido se logren mis sueños
Formar a miles de médicos, a todos ellos
Con gran ética y mejor humanismo

La vida y el tiempo fueron mis amigos
No me abandonaron hasta este momento
Al morir seguiré feliz en el firmamento.

Fundador Hospital del Empleado

Ingresé como cirujano general
en Argentina fui muy bien entrenado
en Cirugía Plástica y también en Quemados.

Mi jefe, un gran cirujano, digno de admirar,
Adolfo Guevara Velasco, para recordar,
hombre muy digno para nunca olvidar.

El hospital se inauguró, hay que recordar,
no existía el Servicio de Cirugía Plástica,
menos el de Cirugía de Cabeza y Cuello.

El año sesenta y dos, se inauguró recién,
el Servicio de Cirugía de Cabeza y Cuello,
en el setenta y cinco, el de Cirugía Plástica.

Por disposición superior, se me encargó
atender y curar a todo paciente quemado
internado por grave lesión en nuestro servicio.

Se me encargó, curar úlceras y lesiones,
escaras, y otras afecciones para reparar,
en los treinta años que me tocó trabajar.

Ejerciendo además la cirugía general,
operé muchos colgajos en voltereta,
curando grandes úlceras difícil de tratar.

Fui profesor de alumnos y residentes
de la Universidad Nacional de San Marcos,
Facultad de Medicina de San Fernando.

El primero de noviembre del año
mil novecientos ochenta y seis,
fue el día en que definitivamente cesé.

El director general y gerente del hospital,
doctor Augusto de las Casas Bermúdez,
traumatólogo jefe al que no se puede olvidar.

Oficializó mi cargo como jefe de servicio
de cirugía plástica reparadora y quemados,
que por muchos años ya lo había ejercido.

Un acto de justicia, nunca lo he olvidado,
me dio tranquilidad y salí reconfortado,
reconocer el trabajo te deja encantado.

Hospital Rebagliati actual

Hoy, sesenta y cinco años después,
visité mi querido antiguo hospital,
salí feliz y también reconfortado.

Ver a cientos de profesionales médicos,
igual número de enfermeras y obstetricias,
todos ellos dispuestos y listos para curar.

Cientos de pacientes en consultorios,
igual número de internados, recibiendo
atención sin discriminación alguna.

Con justicia, un extraordinario hospital,
valió la pena ser el fundador, no lo niego,
me siento realmente muy afortunado.

Al finalizar, obligado estoy a recordar
a su primer director y gran administrador,
el doctor Guillermo Kaelin de la Fuente.

A todos los profesionales que nos han acompañado,
y también al personal administrativo, tan abnegado,
recordar siempre el día en que fue inaugurado.

La pandemia

COVID-19, coronavirus, difícil de olvidar,
el año dos mil veinte, a nuestra patria llegó,
como son los malignos, llegan sin avisar.

Noticias terribles tuvimos que lamentar,
se propagó en el mundo, un desasosiego,
millones de muertos, algo para llorar.

Viudas, viudos, huérfanos, sin cesar,
despreciable virus, de verdad es ciego,
adultos, jóvenes y niños mueren sin desear.

Médicos y enfermeras, juntos y a la par,
trabajan día y noche sin algún sosiego,
no les queda tiempo para descansar.

Cientos murieron quizás sin desear,
enfermeras, enfermeros, no lo niego,
también técnicos de la salud a la par.

Quinientos médicos murieron sin inmutar,
como si su propia vida fuera un desapego,
perdieron su vida para la de otro salvar.

Es algo que todos deberíamos imitar,
Dios los tenga en su gloria, lo ruego,
por ellos, todos juntos vamos a rezar.

Mis vivencias

Recuerdos gratos

Guardo recuerdos muy gratos de
las Facultades de Medicina humana,
de tres universidades muy grandes.

La UBA, de Buenos Aires, Argentina;
la Nacional Mayor de San Marcos;
y la Privada, de San Martín de Porres.

En las tres universidades, fui profesor;
en la UBA, jefe de prácticas por dos años;
y treinta años en la de San Marcos.

Obtuve el grado de doctor en medicina
y terminé siendo profesor principal,
una carrera docente que no podré olvidar.

En la Universidad San Martín de Porres
trabajé durante treinta y cinco años con placer,
fui profesor asociado y también principal.

Trabajé por amor y no por necesidad,
durante veintisiete años consecutivos,
fui decano de la Facultad de Medicina Humana.

No me cansé, lo digo con toda sinceridad,
ese trabajo nunca, jamás desanima,
formar miles de médicos, algo que te anima.

Mi colegio militar

Nunca podré olvidar los tres años
que viví en el colegio militar
Leoncio Prado era su nombre

Del inolvidable héroe peruano
cadetes de la primera promoción
ingresaron, con profunda emoción

En mil novecientos cuarenta y cuatro
algo que jamás se podrá olvidar
justo fue al finalizar el verano

Sesenta y nueve años de historia
nunca se podrán olvidar
imposible de la mente borrar

Veintitrés mil cadetes egresaron
de seguro no que, no fue en vano
historias, imposible de narrar

Todos, sin excepción fueron exitosos
como llevados juntos, de la mano
no olvidaron el lema, de hermano

Disciplina, moralidad y trabajo
el que nos acompañó en la vida
lograr lo que somos en la actualidad.

Sexta promoción Colegio Militar Leoncio Prado

Egresé el año cincuenta y uno,
soy integrante de la sexta promoción,
puedo decir con mucha emoción.

Fui médico y un buen cirujano,
sesenta y cinco años trabajando
con abnegación en esta profesión.

Recordando, todo me sigo esforzando,
cómo mis compañeros de promoción,
no soy mejor que ellos, eso lo aseguro.

Pues son todos dignos de admirar,
por sus grandes cualidades morales,
y su desempeño en muy altos cargos.

Quienes cumplieron con éxito en el Perú,
tres años de adolescencia no lo olvidaré,
tardes siempre bellas, admirando el mar.

Cadetes y excadetes del colegio militar,
doy gracias infinitas al Todopoderoso
por haberme permitido ser leonciopadrino.

Lecturas recomendadas

Fragmentos de tiempo (Atahualpa López Moreno)

Sonoro amor al atardecer (Crosbi Idrogo Saldaña)

Existimos (Mario Rucci)

www.ingramcontent.com/pod-product-compliance
Lightning Source LLC
LaVergne TN
LVHW041219150826
845673LV00001B/455

* 9 7 8 6 1 2 5 1 4 2 8 2 5 *